中华人民共和国
新法规汇编

2022
第6辑

司法部 编

中国法制出版社

编辑说明

一、《中华人民共和国新法规汇编》是国家出版的法律、行政法规汇编正式版本，是刊登报国务院备案并予以登记的部门规章的指定出版物。

二、本汇编收集的内容包括：上一个月内由全国人民代表大会及其常务委员会通过的法律和有关法律问题的决定，国务院公布的行政法规和国务院文件，报国务院备案并予以登记的部门规章，最高人民法院和最高人民检察院公布的司法解释。另外，还收入了上一个月内报国务院备案并予以登记的地方性法规和地方政府规章目录。

三、本汇编所收的内容，按下列分类顺序编排：法律，行政法规，国务院文件，国务院部门规章，司法解释。每类中按公布的时间顺序排列。报国务院备案并予以登记的地方性法规和地方政府规章目录按 1987 年国务院批准的行政区划顺序排列；同一行政区域报备两件以上者，按公布时间顺序排列。

四、本汇编每年出版 12 辑，每月出版 1 辑。本辑为 2022 年度第 6 辑，收入 2022 年 5 月份内公布的国务院文件 9 件、报国务院备案并经审查予以登记编号的部门规章 6 件、司法解释 3 件，共计 18 件。

五、本汇编在编辑出版过程中，得到了国务院有关部门和有关方面以及广大读者的大力支持和协助，在此谨致谢意。

司法部

2022 年 6 月

目　录

国务院文件

国务院部门规章

司法解释

附：

国务院文件

国务院办公厅关于推动12345政务服务便民热线与110报警服务台高效对接联动的意见

（2022年4月23日　国办发〔2022〕12号）

近年来，一些地区推动12345政务服务便民热线（以下简称12345）与110报警服务台（以下简称110）建立非警务警情分流联动机制，在提升协同联动处置效率、缓解非警务警情占用警力资源方面开展了积极探索。同时，实践中仍存在12345与110职责边界不清晰、联动机制不健全、数据共享不充分、信息化支撑不到位等问题，12345与110对接联动工作效率不高，非警务警情占用警力资源情况仍较为普遍。为推动12345与110高效对接联动，科学合理分流非警务求助、快速有效处置突发警情，进一步提升协同服务效能，经国务院同意，现提出以下意见。

一、总体要求

（一）指导思想。以习近平新时代中国特色社会主义思想为指导，全面贯彻落实党的十九大和十九届历次全会精神，坚持以人民为中心，坚持系统观念，加快转变政府职能，加强12345与110能力建设，以对接联动机制顺畅运行为目标，以分流联动事项高效办理为重点，以平台数据智能应用为支撑，加快建立职责明晰、优势互补、科技支撑、高效便捷的12345与110高效对接联动机制，进一步提升政务服务水平，不断增强人民群众的获得感、幸福感、安全感。

（二）工作目标。2022 年底前，各地区基本建成 12345 与 110 高效对接联动机制，形成 12345 推动部门协同高效履职、及时解决涉及政府管理和服务的非紧急诉求，110 依法打击违法犯罪活动、及时处置紧急危难警情、更好维护社会治安秩序的工作格局。2023 年底前，全面实现 12345 与 110 平台互联互通、相关数据资源共享，不断提升对接联动工作规范化、专业化、智能化水平。

二、推动高效对接联动

（一）明确职责边界。

12345 是地方人民政府受理企业和群众对政府管理和服务的非紧急诉求的便民热线平台，受理范围为：企业和群众关于经济调节、市场监管、社会管理、公共服务、生态环境保护等领域的咨询、非紧急求助、投诉、举报和意见建议等。

110 是公安机关受理处置企业和群众报警、紧急求助和警务投诉的报警服务平台，受理范围为：刑事类警情、治安类警情、道路交通类警情、危及人身和财产安全或者社会治安秩序的群体性事件以及其他需要公安机关处置的与违法犯罪有关的报警；公共设施险情、灾害事故以及其他危及人身和财产安全、公共安全等需要公安机关参与处置的紧急求助；对公安机关及其人民警察正在发生的违法违纪或者失职行为的投诉。

（二）建立健全对接联动机制。

1. 建立健全转办机制。各地区 12345 或者 110 通过电话接到明确属于对方受理范围内的事项，以一键转接方式及时转交对方受理。责任单位不明确或者职责交叉的，可以通过三方通话（诉求方、12345、110）方式了解具体诉求后，由 12345 与 110 协商确定受理平台，对协商后仍无法确定的，由首先接到企业和群众诉求的平台先行受理，如存在危及人身和财产安全、公共安全的紧急情况，由 110 及时派警先行处置。12345 或者 110 通过互联网渠道接到明确属于对方受理范围内的事项，可在线转交对方受理。对明确不属于 12345 与 110 受理范围的事项，话务人员要做好合理引导和解释工作。

2. 建立健全日常联动机制。各地区 110 接到可能引发违法犯罪特别是暴力事件、个人极端事件的矛盾纠纷时，第一时间派警处置，属于 12345 受理范围的转交 12345，12345 及时将诉求事项转至属地政府和相关职能部门办理，开展联合调处，推动矛盾隐患源头化解。12345 接到影响社会稳定的线索，第一时间转交 110 处置，12345 工单承办单位发现矛盾纠纷激化、事态难以控制或者涉及违法犯罪的，应当联动 110 派警处置。

3. 建立健全应急联动机制。各地区 12345、110 都要建立与 119、120、122 等紧急热线和水电气热等公共事业服务热线的应急联动机制，确保一旦发生自然灾害、事故灾难、公共卫生事件、社会安全事件等突发事件，能够快速响应、高效处置，为企业和群众提供更加及时、专业、高效的紧急救助服务。同时，要建立健全 12345 与 110 应急联动机制，遇到突发事件时及时启动应急联动方案，话务座席严重不足时由上级政务服务便民热线管理机构和公安机关统筹协调其他地区远程话务座席给予支持。

4. 建立健全会商交流机制。各地区要建立健全 12345 与 110 会商机制，对职责边界不清、存在管辖争议的高频诉求事项，及时召集相关职能部门研究会商，逐一厘清职责权限、明确管辖主体、制定处置规范，确保企业和群众诉求有人管、管得好。同时，建立健全 12345 与 110 定期交流机制，通报工作运行情况，及时研究解决对接联动工作中存在的问题，有条件的地方可互派工作人员进驻对方平台，切实提升对接联动工作效能。

（三）强化系统支撑和数据共享应用。

1. 推动平台融合互通。各地区要科学规划设计，有效整合资源，加大投入力度，加快 12345 与 110 平台对接联通，鼓励有条件的地方建设一体化联动工作平台。12345 与 110 平台要按照统一的组织机构和行政区划代码，规范工单和警单标准、受理反馈项目等数据格式，梳理整合平台融合互通的建设需求和业务流程，实现信息数据互联互通、工单警单双向流转、受理反馈闭环运行、对接事项跟踪督办和智能监管。

2. 加强数据共享应用。对各地区 12345 与 110 双向分流联动事项相关数据，要在确保安全的前提下，采取统一开放数据或者服务接口、共建中间数据库等方式共享，做到可查、可看、可追溯、可批量应用。最大限度挖掘数据价值，综合应用数据分析成果，常态化开展政务服务诉求和警情数据融合研判，有效排查民意热点、风险隐患、矛盾问题，为部门履职、效能监管和科学决策提供支撑。

三、加强能力建设

（一）提升 12345 接办质效。

各地区要进一步加大政务服务便民热线归并力度，对按照双号并行、设分中心形式已经完成归并但仍保留话务座席的热线号码，不具备“7×24 小时”人工服务能力或者人工接通率低于 60% 的，将话务座席并入 12345 统一管理，可以保留号码。加强对 12345 工单承办单位办理工作的督查考核，及时公开办理情况，不断提高响应率、问题解决率和满意度，确保企业和群众诉求事项办得成、办得快、办得好。结合各地实际，配足话务座席，切实提高热线接通率。加强热线知识库建设，协调相关部门对高频问题动态制定“一问一答”口径，提高解答准确性和效率。积极推行“即问即答”、“接诉即办”、“工单直转办理一线”等工作方式，强化值班值守，缩短办理时限。

各地区要加强 12345 平台与部门业务系统的互联互通，实现信息实时全量共享。12345 定期汇总企业和群众高频咨询类问题，督促相关部门主动发布信息。强化科技赋能，进一步加强 12345 平台和网上 12345 能力建设，开发智能推荐、语音自动转写、自助派单功能。加强智能化客服系统建设，遇突发情况话务量激增、人工服务无法有效满足企业和群众需求时，智能化客服系统要能对高频问题进行自动解答，并引导企业和群众通过网上 12345 咨询反映情况。注重运用大数据、人工智能等技术手段，服务科学决策和促进社会治理水平提高，进一步提升企业和群众体验。

（二）提升110接处警工作效能。

各地公安机关要根据本地区110接警量，科学合理设置接警座席，配齐配强接警人员和指挥调度民警，强化设备和系统保障，确保110“生命线”全天候畅通，并拓宽互联网报警渠道，满足企业和群众需求。建立各警种和实战单位与110接处警工作相衔接的快速响应机制，加强对一线处警工作的数据赋能和后台支撑，积极探索推行预防警务，有效提升接处警工作效能。

四、保障措施

（一）加强组织领导。坚持党对12345与110对接联动工作的全面领导，确保正确政治方向。国务院办公厅、公安部负责统筹协调12345与110对接联动工作，加强对各地区对接联动工作的指导，及时研究解决工作中的重大问题，并分别负责建立完善12345、110评估指标体系，委托第三方机构进行常态化评估评价，以规范有效的考核评估促进各地区12345、110不断提高服务效能。地方各级人民政府要加强组织领导，压实工作责任，强化监督考核，健全问责机制，各地区政务服务便民热线管理机构和公安机关具体负责12345与110高效对接联动的实施工作，制定政策措施，细化分流转办具体规则和事项清单，确保对接联动工作落地见效。

（二）加强支持保障。各地区要加大对12345与110对接联动工作、系统建设、人员培训等的财政保障力度。组织开展12345与110业务培训，持续提升工作人员的综合素质和服务水平。落实好对一线人员的政策保障、权益保护等措施，对表现突出或者贡献突出的单位和个人，按照国家有关规定给予表彰奖励。

（三）加强宣传引导。各地区各有关部门要充分利用政府网站、政务服务平台、新闻媒体等，广泛宣传12345与110的工作职责、受理范围等，引导企业和群众正确使用12345与110。同时，加强经验做法总结和复制推广，巩固和拓展12345与110对接联动工作成果。对恶意骚扰12345与110等违法行为，加大打击和曝光力度。

国务院办公厅关于印发“十四五”国民健康规划的通知

（2022年4月27日　国办发〔2022〕11号）

《“十四五”国民健康规划》已经国务院同意，现印发给你们，请认真贯彻执行。

“十四五”国民健康规划

为全面推进健康中国建设，根据《中华人民共和国国民经济和社会发展第十四个五年规划和2035年远景目标纲要》、《“健康中国2030”规划纲要》，编制本规划。

一、规划背景

“十三五”时期，以习近平同志为核心的党中央把保障人民健康放在优先发展的战略位置，作出实施健康中国战略的决策部署。党中央、国务院召开全国卫生与健康大会，印发《“健康中国2030”规划纲要》。国务院印发《关于实施健康中国行动的意见》。各地各有关部门认真贯彻落实，扎实推进健康中国建设，启动实施健康中国行动，深入开展爱国卫生运动，持续完善国民健康政策。重大疾病防治成效显著，居民健康素养水平从10.25%提高到23.15%，人均基本公共卫生服务经费补助标准提高到74元，多数疫苗可预防传染病发病率降至历史最低水平，重大慢性病过早死亡率呈现下降趋势。重点人群健康服务不断完善，危重孕产妇和新生儿救治转运体系基本建立，儿童青少年近视监测和干预持续加强，老年健康与医养结合服务列入基本公共卫生服务。医药卫生体制改革深入推进，公立医院综合改革全面推开，药品和医用耗材加成全部取消，二级以上公立医院绩效考核全面实施；职工基本医疗保险、城乡居民基本医疗保险政策范围内住院费用支付比例分别稳定在80%和70%左右；基本药物数量从520种增加到685种，药品集中带量采购改革形成常态化机制，国家集中采购中选药品价格平均下降53%；医疗卫生服务体系不断完善，分级诊疗制度建设有序推进；社会办医稳步发展，健康产业规模显著扩大。健康扶贫任务全面完成，832个脱贫县县级医院服务能力全面提升，远程医疗服务覆盖全部脱贫县并向乡镇卫生院延伸，历史性消除脱贫地区乡村医疗卫生机构和人员"空白点"；大病专项救治病种扩大到30种，高血压等4种慢性病患者优先纳入家庭医生签约服务，2000多万贫困患者得到分类救治，近1000万因病致贫返贫户成功脱贫，基本医疗有保障全面实现。中医药服务体系持续完善，独特优势日益彰显。

经过努力，人民健康水平不断提高。2015年至2020年，人均预期寿命从76.34岁提高到77.93岁，婴儿死亡率从8.1‰降至5.4‰，5岁以下儿童死亡率从10.7‰降至7.5‰，孕产妇死亡率从20.1/10万降至16.9/10万，主要健康指标居于中高收入国家前列，个人卫生支出占卫生总费用的比重下降到27.7%。同时也应看到，我国仍面临多重疾病威胁并存、多种健康影响因素交织的复杂局面。全球新冠肺炎疫情仍处于大流行状态，新发突发传染病风险持续存在，一些已经控制或消除的传染病面临再流行风险。慢性病发病率上升且呈年轻化趋势，患有常见精神障碍和心理行为问题人数逐年增多，食品安全、环境卫生、职业健康等问题仍较突出。同时，人口老龄化进程加快，康复、护理等需求迅速增长。优生优育、婴幼儿照护服务供给亟待加强。需要加快完善国民健康政策，持续推进健康中国建设，不断满足人民群众日益增长的健康需求。

二、总体要求

（一）指导思想。坚持以习近平新时代中国特色社会主义思想为指导，全面贯彻党的十九大和十九届历次全会精神，统筹推进“五位一体”总体布局，协调推进“四个全面”战略布局，认真落实党中央、国务院决策部署，坚持稳中求进工作总基调，立足新发展阶段，完整、准确、全面贯彻新发展理念，构建新发展格局，把人民群众生命安全和身体健康放在第一位，贯彻新时代党的卫生健康工作方针，全面推进健康中国建设，实施积极应对人口老龄化国家战略，加快实施健康中国行动，深化医药卫生体制改革，持续推动发展方式从以治病为中心转变为以人民健康为中心，为群众提供全方位全周期健康服务，不断提高人民健康水平。

（二）基本原则。

健康优先，共建共享。加快构建保障人民健康优先发展的制度体系，推动把健康融入所有政策，形成有利于健康的生活方式、生产方式，完善政府、社会、个人共同行动的体制机制，形成共建共治共享格局。

预防为主，强化基层。把预防摆在更加突出的位置，聚焦重大疾病、主要健康危险因素和重点人群健康，强化防治结合和医防融合。坚持以基层为重点，推动资源下沉，密切上下协作，提高基层防病治病和健康管理能力。

提高质量，促进均衡。把提高卫生健康服务供给质量作为重点，加快优质医疗卫生资源扩容和区域均衡布局，不断提升基本医疗卫生服务公平性和可及性，缩小城乡、区域、人群之间资源配置、服务能力和健康水平差异。

改革创新，系统整合。坚持基本医疗卫生事业公益性，破除重点领域关键环节体制机制障碍。统筹发展和安全，提高重大风险防范处置能力。统筹预防、诊疗、康复，优化生命全周期、健康全过程服务。发挥中医药独特优势，促进中西医相互补充、协调发展。

（三）发展目标。到 2025 年，卫生健康体系更加完善，中国特色基本医疗卫生制度逐步健全，重大疫情和突发公共卫生事件防控应对能力显著提升，中医药独特优势进一步发挥，健康科技创新能力明显增强，人均预期寿命在2020年基础上继续提高1岁左右，人均健康预期寿命同比例提高。

——公共卫生服务能力显著增强。基本建成能有效应对重大疫情和突发公共卫生事件、适应国家公共卫生安全形势需要的强大公共卫生体系，早期监测、智能预警、快速反应、高效处置、综合救治能力显著提升。

——一批重大疾病危害得到控制和消除。艾滋病疫情继续控制在低流行水平，结核病发病率进一步降低，寄生虫病、重点地方病和人畜共患病危害持续得到控制和消除，重大慢性病发病率上升趋势得到遏制，心理相关疾病发生的上升趋势减缓，严重精神障碍、职业病得到有效控制。

——医疗卫生服务质量持续改善。基层医疗卫生服务能力不断提升，全方位全周期健康服务体系逐步健全，分级诊疗格局逐步构建，中医药特色优势进一步彰显。

——医疗卫生相关支撑能力和健康产业发展水平不断提升。适应行业特点的医学教育和人才培养体系逐步健全，卫生健康科技创新能力进一步增强，卫生健康信息化建设加快推进，健康服务、医药制造等健康产业持续发展。

——国民健康政策体系进一步健全。卫生健康法律法规体系更加完善，医药卫生体制改革持续深化，保障人民健康优先发展的制度体系和健康影响评价评估制度逐步建立，卫生健康治理能力和治理水平进一步提升。

主要发展指标

领　域	主　要　指　标	2020 年	2025 年	性　质
健康水平	人均预期寿命(岁)	77.93	提高 1 岁	预期性
	人均健康预期寿命(岁)	—	同比例提高	预期性
	孕产妇死亡率(1/10 万)	16.9	≤14.5	预期性
	婴儿死亡率(‰)	5.4	≤5.2	预期性
	5 岁以下儿童死亡率(‰)	7.5	≤6.6	预期性
	重大慢性病过早死亡率(%)	16.0	≤15.0	预期性
健康生活	居民健康素养水平(%)	23.15	25.0	预期性
	经常参加体育锻炼人数比例(%)	37.2	38.5	预期性
	15 岁以上人群吸烟率(%)	25.8	23.3	预期性
健康服务	孕产妇系统管理率和 3 岁以下儿童系统管理率(%)	>85	>85	预期性
	以乡(镇、街道)为单位适龄儿童免疫规划疫苗接种率(%)	>90	>90	约束性
	严重精神障碍管理率(%)	87	≥90	约束性
	全国儿童青少年总体近视率(%)	52.7	力争每年降低 0.5 个百分点以上	约束性
	设置中医临床科室的二级以上公立综合医院比例(%)	86.75	90	预期性
健康保障	个人卫生支出占卫生总费用的比重(%)	27.7	27	约束性
	职工基本医疗保险政策范围内住院费用基金支付比例(%)	85.2	保持稳定	预期性
	城乡居民基本医疗保险政策范围内住院费用基金支付比例(%)	70	保持稳定	预期性
健康环境	地级及以上城市空气质量优良天数比率(%)	87	87.50	约束性
	地表水达到或好于Ⅲ类水体比例(%)	83.4	85	约束性
	国家卫生城市占比(%)	57.5	持续提升	预期性
健康产业	健康服务业总规模(万亿元)	—	>11.5	预期性

展望 2035 年，建立与基本实现社会主义现代化相适应的卫生健康体系，中国特色基本医疗卫生制度更加完善，人均预期寿命达到 80 岁以上，人均健康预期寿命逐步提高。

三、织牢公共卫生防护网

（一）提高疾病预防控制能力。明确各级疾病预防控制机构职责定位，强化疾病预防控制体系军民融合、防治结合、全社会协同，强化上级疾病预防控制机构对下级机构的业务领导和工作协同，强化医疗机构公共卫生责任。落实城乡基层医疗卫生机构疾病预防控制、公共卫生管理服务职责，完善疾病预防控制部门与城乡社区联动机制，夯实联防联控、群防群控的基础。创新医防协同机制，加强疾病预防控制机构对医疗机构疾病预防控制工作的技术指导和监督考核，建立完善人员通、信息通、资源通和监督监管相互制约的机制。探索推进疾病预防控制机构专业人员参与医疗联合体工作，推动县级疾病预防控制机构与县域医共体协同发展。持续完善国家基本公共卫生服务项目和重大传染病防控等项目，优化服务内涵，提高服务质量，实行科学动态调整，做到有进有出，提高防治结合和健康管理服务水平，推进基本公共卫生服务均等化。

（二）完善监测预警机制。完善传染病疫情和突发公共卫生事件监测系统，改进不明原因疾病和异常健康事件监测机制，强化公共卫生信息系统与医疗机构信息系统对接协同。充分发挥国家监测预警信息平台作用，探索建立跨区域疫情监测站点，实现不明原因传染病疫情和突发公共卫生事件实时分析、集中研判、及时报告。研究建立完善新发未知传染病多点触发预警机制，依托公共卫生、动物疫病、口岸检疫、食品安全、生态环境等系统拓展信息报告渠道，打通科研院所和第三方检测机构报告渠道，开通社会公众主动报告渠道。压实信息报告责任，明确传染病疫情和突发公共卫生事件的报告内容、程序、方式和时限等具体要求。健全风险评估方法和制度，提高监测分析、综合评价和潜在隐患早期识别能力。

（三）健全应急响应和处置机制。发挥集中统一高效的应急指挥体系作用，完善体制机制，实现监测预警、发现报告、风险评估、信息发布、应急处置和医疗救治等环节职责清晰、无缝对接，确保指令清晰、系统有序、条块畅达、执行有力。构建分层分类、高效实用的应急预案体系。完善传染病疫情和突发公共卫生事件分级应急响应机制，规范决策主体和处置原则，明确相关部门及机构的职责分工和工作机制。提升医务人员早期识别和应急处置水平，完善首诊负责、联合会诊等制度和处置流程，提高各级各类医疗卫生机构规范化处置能力。完善重大疫情医疗废物应急处置机制。依托大型综合医院，建立健全分级分类的卫生应急队伍，提高紧急医学救援能力。建立重大传染病疫情和突发事件国家救援力量整体调动与支援机制。

（四）提高重大疫情救治能力。全面提高二级以上综合医院（含中医医院，下同）感染性疾病科和发热门诊、留观室服务能力，全面提升急诊、重症、呼吸、检验、麻醉、消化、心血管、护理、康复等专科服务能力。提高医疗卫生机构实验室检测能力。依托高水平医疗卫生机构，发挥国家重大传染病防治基地作用，提高辐射带动能力。提高中医疫病防治能力。进一步完善地市级传染病救治网络，提高县级医院传染病检测和诊治能力。强化基层医疗卫生机构传染病防控能力。提升边境地区执法执勤力量科学应对重大疫情能力。加强医疗机构应急物资配置，鼓励企业、机关单位和居民参与储备，建立健全应急物资调配协同联动机制。

专栏1　构建强大公共卫生体系项目
国家基本公共卫生服务项目：优化服务内涵，提高服务质量。 重大疫情防控救治能力提升：提升监测预警能力、实验室检测能力、应急响应和处置能力、紧急医学救援能力、传染病救治能力、边境地区疫情防控救治能力。

四、全方位干预健康问题和影响因素

（一）普及健康生活方式。

加强健康促进与教育。完善国家健康科普专家库和资源库，构建全媒体健康科普知识发布和传播机制，鼓励医疗机构和医务人员开展健康促进与健康教育。深入开展健康知识宣传普及，提升居民健康素养。开展健康县区建设，国家和省级健康县区比例不低于40%。进一步推进健康促进医院建设，二级以上医院中健康促进医院比例不低于50%。持续推进中小学健康促进专项行动，深化学校健康教育改革，切实保证学校健康教育时间，提升健康教育教学效果。

推行健康生活方式。全面实施全民健康生活方式行动，推进“三减三健”（减盐、减油、减糖，健康口腔、健康体重、健康骨骼）等专项行动。实施国民营养计划和合理膳食行动，倡导树立珍惜食物的意识和养成平衡膳食的习惯，推进食品营养标准体系建设，健全居民营养监测制度，强化重点区域、重点人群营养干预。开展控烟行动，大力推进无烟环境建设，持续推进控烟立法，综合运用价格、税收、法律等手段提高控烟成效，强化戒烟服务。加强限酒健康教育，控制酒精过度使用，减少酗酒。

开展全民健身运动。深化体卫融合，举办全民健身主题示范活动，倡导主动健康理念，普及运动促进健康知识。构建更高水平的全民健身公共服务体系，推进公共体育场馆和学校体育场馆开放共享，提高健身步道等便民健身场所覆盖面。保障学校体育课和课外锻炼时间。落实国民体质监测制度，推动国民体质监测站点与医疗卫生机构合作，在有条件的社区医疗卫生机构设立科学健身门诊。针对特殊人群开展体育健身指导，加强非医疗健康干预，建立完善运动处方库，推进处方应用。

（二）加强传染病、寄生虫病和地方病防控。

做好重点传染病防控。做好新冠肺炎疫情防控，完善落实常态化防控措施，巩固疫情防控成果。坚持多病共防，进一步加强流感、登革热等重点传染病监测和分析研判，统筹做好人感染禽流感、埃博拉出血热等新发突发传染病防控，有效防控霍乱、手足口病、麻疹等重点传染病疫情。强化鼠疫自然疫源地、重点地区和疫源不明地区动物间鼠疫的监测、疫源性调查、风险评估和及时处置，加强区域鼠疫联防联控。继续将艾滋病疫情控制在低流行水平，突出重点地区、重点人群和重点环节，有效落实宣传教育、综合干预、检测咨询、治疗随访、综合治理等防治措施。全面实施病毒性肝炎防治措施，开展消除丙肝公共卫生危害行动。全面落实结核病防治策略，加强肺结核患者发现和规范化诊疗，实施耐药高危人群筛查，强化基层医疗卫生机构结核病患者健康管理，加大肺结核患者保障力度。实施以传染源控制为主的狂犬病、布病等人畜共患病综合治理，加大动物源头防控力度。

强化疫苗预防接种。加强疫苗可预防传染病监测。稳妥有序做好新冠病毒疫苗接种工作，加强全流程管理，确保接种安全，逐步提高人群接种率。做好流感疫苗供应保障，推动重点人群流感疫苗接种。根据需要适时调整国家免疫规划疫苗种类。加强免疫规划冷链系统管理，提升追溯能力。加大疑似预防接种异常反应监测力度。

巩固重点寄生虫病、地方病防治成果。在血吸虫病流行区坚持以控制传染源为主的综合防治策略，加强黑热病等虫媒传染病防控，实施包虫病综合防治策略，持续保持消除疟疾状态。完善地方病防控策略，确保持续消除碘缺乏危害，保持基本消除燃煤污染型氟砷中毒、大骨节病和克山病危害，有效控制饮水型氟砷中毒、饮茶型地氟病和水源性高碘危害。

（三）强化慢性病综合防控和伤害预防干预。

实施慢性病综合防控策略。加强国家慢性病综合防控示范区建设，到 2025 年覆盖率达到 20%。提高心脑血管疾病、癌症、慢性呼吸系统疾病、糖尿病等重大慢性病综合防治能力，强化预防、早期筛查和综合干预，逐步将符合条件的慢性病早诊早治适宜技术按规定纳入诊疗常规。针对35岁以上门诊首诊患者,积极推进二级以下医院和基层医疗卫生机构开展血压普查工作。在医院就诊人群中开展心脑血管疾病机会性筛查。推进机关、企事业单位、公共场所设置免费自助血压检测点,引导群众定期检测。推进“三高”(高血压、高血糖、高血脂)共管,高血压、Ⅱ型糖尿病患者基层规范管理服务率达到65%以上。将肺功能检查纳入40岁以上人群常规体检,推行高危人群首诊测量肺功能,提升呼吸系统疾病早期筛查和干预能力。多渠道扩大癌症早诊早治覆盖范围,指导各地结合实际普遍开展重点癌症机会性筛查。以龋病、牙周病等口腔常见病防治为重点,加强口腔健康工作,12岁儿童龋患率控制在30%以内。强化死因监测、肿瘤随访登记和慢性病与营养监测体系建设,探索建立健康危险因素监测评估制度。逐步建立完善慢性病健康管理制度和管理体系,推动防、治、康、管整体融合发展。

加强伤害预防干预。完善全国伤害监测体系,拓展儿童伤害监测,开发重点伤害干预技术标准和指南。实施交通安全生命防护工程,减少交通伤害事件的发生。加强儿童和老年人伤害预防和干预,减少儿童溺水和老年人意外跌倒。完善产品伤害监测体系,建立健全消费品质量安全事故强制报告制度,加强召回管理,减少消费品安全伤害。

(四)完善心理健康和精神卫生服务。

促进心理健康。健全社会心理健康服务体系,加强心理援助热线的建设与宣传,为公众提供公益服务。加强抑郁症、焦虑障碍、睡眠障碍、儿童心理行为发育异常、老年痴呆等常见精神障碍和心理行为问题干预。完善心理危机干预机制,将心理危机干预和心理援助纳入突发事件应急预案。

提高精神卫生服务能力。推广精神卫生综合管理机制,完善严重精神障碍患者多渠道管理服务。按规定做好严重精神障碍患者等重点人群救治救助综合保障。提高常见精神障碍规范化诊疗能力,鼓励上级精神卫生专业机构为县(市、区、旗)、乡镇(街道)开展远程服务。建立精神卫生医疗机构、社区康复机构及社会组织、家庭相衔接的精神障碍社区康复服务模式。

(五)维护环境健康与食品药品安全。

加强环境健康管理。深入开展污染防治行动,基本消除重污染天气,完善水污染防治流域协同机制,基本消除劣V类国控断面和城市黑臭水体。加强噪声污染治理,全国声环境功能区夜间达标率达到85%。加强噪声对心脑血管、心理等疾病的健康风险研究。加强餐饮油烟治理。持续推进北方地区城市清洁取暖,加强农村生活和冬季取暖散煤替代。开展新污染物健康危害识别和风险评估。强化公共场所及室内环境健康风险评价。完善环境健康风险评估技术方法、监测体系和标准体系,逐步建立国家环境与健康监测、调查和风险评估制度。探索建立重大工程、重大项目健康影响评估技术体系。开展药品环境风险评估制度研究。加强医疗机构内部废弃物源头分类和管理,加快建设地级及以上城市医疗废弃物集中处置设施。加强排放物中粪大肠菌群、肠道病毒等指标监测。提升居民环境与健康素养,构建各方积极参与、协作共建健康环境的格局。

强化食品安全标准与风险监测评估。完善食品安全风险监测与评估工作体系和食品安全技术支持体系,提高食品安全标准和风险监测评估能力。实施风险评估和标准制定专项行动,加快制修订食品安全国家标准,基本建成涵盖从农田到餐桌全过程的最严谨食品安全标准体系,提高食品污染物风险识别能力。全面提升食源性疾病调查溯源能力。

保障药品质量安全。完善国家药品标准体系,推进仿制药质量和疗效一致性评价。建立符合中药特点的质量和疗效评价体系。构建药品和疫苗全生命周期质量管理机制,推动信息化追溯体系建设,实现重点类别来源可溯、去向可追。稳步实施医疗器械唯一标识制度。

（六）深入开展爱国卫生运动。

全面推进卫生城镇和健康城镇建设。深入推进国家卫生城镇创建，优化评审流程，引导推进全域创建和城乡均衡发展。总结推广健康城市试点的有效经验，打造一批健康城市样板，创造健康支持性环境。广泛开展健康县区、健康乡镇和健康细胞（健康村、健康社区、健康企业、健康机关、健康学校、健康促进医院、健康家庭等）建设，培育一批健康细胞建设特色样板。

改善城乡环境卫生。完善城乡环境卫生治理长效机制，提高基础设施现代化水平，统筹推进城乡环境卫生整治。加强城市垃圾和污水处理设施建设，推进城市生活垃圾分类和资源回收利用。推行县域生活垃圾和污水统筹治理，持续开展村庄清洁行动，建立健全农村村庄保洁机制和垃圾收运处置体系，选择符合农村实际的生活污水处理技术，推进农村有机废弃物资源化利用。加快研发干旱寒冷地区卫生厕所适用技术和产品，加强中西部地区农村户用厕所改造，加强厕所粪污无害化处理和资源化利用，务实推进农村厕所革命。实施农村供水保障工程。推进农贸市场标准化建设。强化以环境治理为主、以专业防制为辅的病媒生物防制工作。

创新社会动员机制。推动爱国卫生运动与传染病、慢性病防控等紧密结合，通过爱国卫生月等活动，加大科普力度，倡导文明健康、绿色环保的生活方式。制止餐饮浪费行为，坚决革除滥食野生动物等陋习，推广分餐公筷、垃圾分类投放等生活习惯。促进爱国卫生与基层治理工作相融合，发挥村规民约、居民公约的积极作用，推广居民健康管理互助小组、周末大扫除、卫生清洁日、环境卫生红黑榜、积分兑换等经验，完善社会力量参与机制，培育相关领域社会组织和专业社工、志愿者队伍，推动爱国卫生运动融入群众日常生活。

专栏2　全方位干预主要健康问题和影响因素项目
重大疾病及危害因素监测：人禽流感、非典型性肺炎（SARS）监测，鼠疫监测，麻风病监测，流感、手足口病、病毒性腹泻、布病、狂犬病、出血热、登革热等重点传染病监测和评估，疟疾等寄生虫病监测，青少年、成年人、高校大学生烟草流行监测，慢性病与营养监测、肿瘤随访登记、死因监测，饮用水和环境卫生及学生常见病监测，全国伤害监测。 健康促进与教育：居民健康素养监测，健康素养促进，健康知识进万家，基层健康教育讲堂试点，健康小屋，烟草控制。 重点传染病和地方病防控：根据需要适时调整国家免疫规划疫苗种类，艾滋病、结核病、包虫病、血吸虫病、地方病防治，鼠疫防控。 慢性病综合防控：癌症早诊早治，心脑血管疾病、慢性阻塞性肺疾病高危人群筛查干预，口腔疾病综合干预，“三高”（高血压、高血糖、高血脂）共管，糖尿病高危人群干预试点，糖尿病患者并发症早期筛查试点。 心理健康和精神卫生促进：精神障碍管理治疗，农村癫痫防治管理，精神科医师转岗培训，心理治疗师培训，心理援助热线建设。 环境健康促进：公共卫生危害治理，饮用水、公共场所、人体生物监测等环境健康监测，消毒支撑体系建设。 食品安全：食品安全风险监测评估，食品安全国家标准制修订。 爱国卫生：卫生城镇创建，健康县区、健康细胞建设。

五、全周期保障人群健康

（一）完善生育和婴幼儿照护服务。

优化生育服务与保障。实施三孩生育政策，完善相关配套支持措施。继续做好生育保险对参保女职工生育医疗费用、生育津贴待遇等的保障，做好城乡居民医保参保人生育医疗费用保障，减轻生育医疗费用负担。做好生育咨询指导服务。推进“出生一件事”联办。完善国家生命登记管理制度，建立人口长期均衡发展指标体系，健全覆盖全人群、全生命周期的人口监测体系和预测预警制度。发挥计生协会组织作用，深入开展家庭健康促进行动。对全面两孩政策实施前的独生子女家庭和农村计划生育双女家庭，继续实行现行各项奖励扶助制度和优惠政策。动态调整扶助标准，建立健全计划生育特殊家庭全方位帮扶保障制度。支持有资质的社会组织接受计划生育特殊家庭委托，开展生活照料、精神慰藉等服务,依法代办入住养老机构、就医陪护等事务。

促进婴幼儿健康成长。完善托育服务机构设置标准和管理规范,建立健全备案登记、信息公示和质量评估等制度,加快推进托育服务专业化、标准化、规范化。研究制定托育从业人员学历教育和相关职业标准,提高保育保教质量和水平。鼓励和引导社会力量提供普惠托育服务,发展集中管理运营的社区托育服务网络,完善社区婴幼儿活动场所和设施。支持有条件的用人单位单独或联合相关单位在工作场所为职工提供托育服务。加强对家庭的婴幼儿早期发展指导,研究出台家庭托育点管理办法,支持隔代照料、家庭互助等照护模式,鼓励专业机构和社会组织提供家庭育儿指导服务。支持“互联网+托育服务”发展,打造一批关键共性技术网络平台及直播教室,支持优质机构、行业协会开发公益课程,增强家庭的科学育儿能力。加强婴幼儿照护服务机构的卫生保健工作,预防控制传染病,降低常见病的发病率,保障婴幼儿的身心健康。

(二)保护妇女和儿童健康。

改善优生优育全程服务。实施母婴安全行动提升计划,全面落实妊娠风险筛查与评估、高危孕产妇专案管理、危急重症救治、孕产妇死亡个案报告和约谈通报等母婴安全五项制度,提供优质生育全程医疗保健服务。实施出生缺陷综合防治能力提升计划,构建覆盖城乡居民,涵盖婚前、孕前、孕期、新生儿和儿童各阶段的出生缺陷防治体系。加强婚前保健,推广婚姻登记、婚育健康宣传教育、生育指导“一站式”服务,为拟生育家庭提供科学备孕指导、孕前优生健康检查和增补叶酸指导服务,加强产前筛查和产前诊断。到 2025 年,孕前优生健康检查目标人群覆盖率不低于 80%,产前筛查率不低于 75%,新生儿遗传代谢性疾病筛查率达到 98% 以上。强化先天性心脏病、听力障碍、苯丙酮尿症、地中海贫血等重点疾病防治,推动围孕期、产前产后一体化管理服务和多学科诊疗协作。医疗卫生机构开展孕育能力提升专项攻关,规范人类辅助生殖技术应用,做好不孕不育诊治服务。支持妇幼保健机构整合预防保健和临床医疗服务。

加强妇女健康服务。发展妇女保健特色专科,提高服务能力,针对青春期、育龄期、孕产期、更年期和老年期妇女的健康需求,提供女性内分泌调节、心理、营养等预防保健服务以及妇女常见疾病治疗等涵盖生理、心理和社会适应的整合型医疗保健服务。促进生殖健康服务,推进妇女宫颈癌、乳腺癌防治,进一步提高筛查率和筛查质量。

促进儿童和青少年健康。实施母乳喂养促进行动,开展婴幼儿养育专业指导,加强婴幼儿辅食添加指导,实施学龄前儿童营养改善计划,降低儿童贫血患病率和生长迟缓率。实施健康儿童行动提升计划,完善儿童健康服务网络,建设儿童友好医院,加强儿科建设,推动儿童保健门诊标准化、规范化建设,加强儿童保健和医疗服务。加强对儿童青少年贫血、视力不良、肥胖、龋齿、心理行为发育异常、听力障碍、脊柱侧弯等风险因素和疾病的筛查、诊断和干预。指导学校和家长对学生实施防控综合干预,抓好儿童青少年近视防控。加强儿童心理健康教育和服务,强化儿童孤独症筛查和干预。推广青春健康教育工作,开展青少年性与生殖健康教育。统筹推进各级疾病预防控制机构学校卫生队伍和能力建设,加强对辖区学校卫生工作的指导。开展儿童健康综合发展示范县(市、区、旗)创建活动。

(三)促进老年人健康。

强化老年预防保健。开发老年健康教育科普教材,开展老年人健康素养促进项目,做好老年健康教育。加强老年期重点疾病的早期筛查和健康管理,到2025年,65岁及以上老年人城乡社区规范健康管理服务率达到65%以上。实施老年人失能预防与干预、老年人心理关爱、老年口腔健康、老年营养改善和老年痴呆防治等行动,延缓功能衰退。

提升老年医疗和康复护理服务水平。推动开展老年人健康综合评估和老年综合征诊治，促进老年医疗服务从单病种向多病共治转变。到 2025 年，二级以上综合医院设立老年医学科的比例达到 60%以上。完善从居家、社区到专业机构的长期照护服务模式。提升基层医疗卫生机构康复护理服务能力，开展老年医疗照护、家庭病床、居家护理等服务，推动医疗卫生服务向社区、家庭延伸。支持有条件的医疗机构与残疾人康复机构等开展合作。稳步扩大安宁疗护试点。

提升医养结合发展水平。健全医疗卫生机构和养老服务机构合作机制，为老年人提供治疗期住院、康复期护理、稳定期生活照料、安宁疗护一体化的服务。进一步增加居家、社区、机构等医养结合服务供给。鼓励农村地区通过托管运营、毗邻建设、签约合作等多种方式实现医养资源共享。开展医养结合示范项目，提升服务质量和水平。

（四）加强职业健康保护。

强化职业健康危害源头防控和风险管控。建立健全职业病和职业病危害因素监测评估制度，扩大主动监测范围，到 2025 年，工作场所职业病危害因素监测合格率达到 85%以上。开展尘肺病筛查和新兴行业及工作相关疾病等职业健康损害监测。完善用人单位职业健康信息及风险评估基础数据库，构建职业病危害风险分类分级、预测预警和监管机制，对职业病危害高风险企业实施重点监管。强化重点行业职业病危害专项治理。鼓励企业完善职业病防护设施，改善工作场所劳动条件。

完善职业病诊断和救治保障。健全职业病诊断与鉴定制度，优化诊断鉴定程序。强化尘肺病等职业病救治保障，实施分类救治救助，对未参加工伤保险且用人单位不存在或无法确定劳动关系的尘肺病患者，按规定落实基本医疗保障和基本生活救助政策。

加强职业健康促进。推动用人单位开展职工健康管理，加强职业健康管理队伍建设，提升职业健康管理能力。全面提高劳动者职业健康素养，倡导健康工作方式，显著提升工作相关的肌肉骨骼疾病、精神和心理疾病等防治知识普及率。推动健康企业建设，培育一批健康企业特色样板。深入开展争做“职业健康达人”活动。

（五）保障相关重点人群健康服务。

巩固拓展健康扶贫成果同乡村振兴有效衔接。过渡期内保持现有健康帮扶政策总体稳定，调整优化支持政策，健全因病返贫致贫动态监测机制，建立农村低收入人口常态化精准健康帮扶机制。加大对脱贫地区、“三区三州”、原中央苏区、易地扶贫搬迁安置地区等县级医院支持力度，鼓励开展对口帮扶、合作共建医疗联合体，重点提高传染病疫情和突发公共卫生事件监测预警、应急处置和医疗救治能力。加强脱贫地区乡村医疗卫生服务体系达标提质建设，支持采用巡诊派驻等方式保障乡村医疗卫生服务覆盖面，确保乡村医疗卫生机构和人员“空白点”持续实现动态清零。结合脱贫地区实际，推广大病专项救治模式，巩固并逐步提高重点人群家庭医生签约服务覆盖面和服务质量。

维护残疾人健康。加强残疾人健康管理，全面推进残疾人家庭医生签约服务。加强和改善残疾人医疗服务，完善医疗机构无障碍设施，强化残疾人服务设施和综合服务能力建设。建成康复大学，加快培养高素质、专业化康复人才。加强残疾人康复服务，提升康复医疗、康复训练、辅助器具适配等服务质量。建立儿童残疾筛查、诊断、康复救助衔接机制，确保残疾儿童得到及时有效的康复服务。加强残疾人心理健康工作，做好残疾人健康状况评估。贯彻实施《国家残疾预防行动计划（2021—2025 年）》。继续开展防盲治盲，推动实施全面眼健康行动。继续推进防聋治聋，提升耳与听力健康水平。

专栏 3　生命全周期健康保障项目

优生优育：孕前优生健康检查，基本避孕服务，人口监测体系建设。

妇女儿童健康：妇幼健康监测，0—6 岁儿童健康管理，0—6 岁儿童孤独症筛查和干预，农村妇女“两癌”（乳腺癌、宫颈癌）筛查，增补叶酸预防神经管缺陷，地中海贫血防治，脱贫地区儿童营养改善，母婴安全和健康儿童行动提升计划，近视、肥胖、脊柱侧弯等学生常见病监测与干预行动、适宜技术试点，农村义务教育学生营养改善计划，学校卫生队伍建设。

职业健康保护：职业病监测，尘肺病患者健康管理，职业性放射性疾病监测，工作场所职业病危害因素监测，医疗机构放射性危害因素监测。

老年健康促进：医院老年医学科、社区护理站建设，安宁疗护试点，老年人失能预防干预。

巩固拓展健康扶贫成果：因病返贫致贫动态监测。

残疾人健康维护：残疾人家庭医生签约，医疗机构无障碍设施建设，残疾人康复服务，防盲治盲，防聋治聋。

六、提高医疗卫生服务质量

（一）优化医疗服务模式。

推行预约诊疗和日间服务。建立健全预约诊疗制度，全面推行分时段预约诊疗和检查检验集中预约服务，有序推进检查检验结果互认。推动三级医院日间手术等服务常态化、制度化，逐步扩大日间手术病种范围，稳步提高日间手术占择期手术的比例。鼓励有条件的医院设置日间病房、日间治疗中心等，为患者提供日间化疗、日间照射治疗等服务。

推广多学科诊疗。针对肿瘤、多系统多器官疾病、疑难复杂疾病等，推动建立多学科诊疗制度。鼓励将麻醉、医学检验、医学影像、病理、药学等专业技术人员纳入多学科诊疗团队，提升综合诊治水平。鼓励医疗机构采取多种方式设置服务协调员，在患者诊疗过程中予以指导协助和跟踪管理。

创新急诊急救服务。优化院前医疗急救网络。继续推进胸痛、卒中、创伤、危重孕产妇救治、危重新生儿和儿童救治等中心建设，为患者提供医疗救治绿色通道和一体化综合救治服务，提升重大急性疾病医疗救治质量和效率。完善智能化调度系统，推动院前医疗急救网络与院内急诊有效衔接，实现患者信息院前院内共享，构建快速、高效、全覆盖的急危重症医疗救治体系。

强化医防融合。依托国家基本公共卫生服务项目，以高血压和Ⅱ型糖尿病为切入点，实施城乡社区慢病医防融合能力提升工程，为每个乡镇卫生院和社区卫生服务中心培养1—2名具备医防管等能力的复合型骨干人员，探索建立以基层医生团队为绩效考核单元、以健康结果和居民满意度为导向的考核体系。推动预防、治疗、护理、康复有机衔接，形成“病前主动防，病后科学管，跟踪服务不间断”的一体化健康管理服务。

（二）加强医疗质量管理。

完善医疗质量管理与控制体系。强化医疗质量安全核心制度，健全国家、省、市三级质控组织体系，完善覆盖主要专业和重点病种的质控指标。完善国家、省、医疗机构三级感染监测体系，逐步将基层医疗卫生机构纳入监测。完善诊疗规范和技术指南，全面实施临床路径管理。可以在有条件的医疗联合体内探索建立一体化临床路径，为患者提供顺畅转诊和连续诊疗服务。

优化护理服务。健全护理服务体系，增加护士配备。强化基础护理，实施以病人为中心的责任制整体护理，开展延续护理服务。进一步扩大优质护理服务覆盖面，逐步实现二级以上医院全覆盖。通过培训、指导、远程等方式，在医疗联合体内将优质护理、康复护理、安宁疗护等延伸至基层医疗卫生机构。

提高合理用药水平。完善覆盖全国二级以上医院的合理用药监测系统，逐步将基层医疗卫生机构纳入监测。加强医疗机构药事管理，以抗菌药物、抗肿瘤药物、其他重点监控药物等为重点，加强用药监测和合理用药考核，抗菌药物使用强度符合规定要求。以临床需求为导向，推进药品使用监测和药品临床综合评价体系建设。加强药品不良反应监测。发挥临床药师作用，开设合理用药咨询或药物治疗管理门诊，开展精准用药服务。推动医疗联合体内药学服务下沉，临床药师指导基层医疗卫生机构提高合理用药水平，重点为签约服务的慢性病患者提供用药指导。

加强平安医院建设。严格落实医院安保主体责任，健全涉医矛盾纠纷多元化解机制，构建系统、科学、智慧的医院安全防范体系。建立完善医警数据共享和联动处置机制，依法严厉打击涉医违法犯罪特别是伤害医务人员的暴力犯罪行为。加强医疗服务人文关怀，大力推行医务社工、志愿者服务，构建和谐医患关系。

（三）加快补齐服务短板。

巩固提升基层服务网络。把乡村医疗卫生服务体系纳入乡村振兴战略全局统筹推进，提高县域医疗卫生服务整体水平。采取派驻、邻村延伸服务、流动巡诊等方式，保障乡、村两级医疗卫生服务全覆盖。开展基层卫生健康综合试验区建设。

提升血液供应保障能力。完善采供血网络布局。巩固血液核酸检测全覆盖成果。建立血液应急保障指挥平台，健全巩固常态化全国血液库存监测制度和血液联动保障机制，提高血液应急保障能力。加大无偿献血宣传动员力度，提升献血率。

七、促进中医药传承创新发展

（一）充分发挥中医药在健康服务中的作用。实施中医药振兴发展重大工程。实施中医药健康促进行动，推进中医治未病健康工程升级。提升地市级以上中医医院优势专科和县级中医医院特色专科服务能力，力争全部县级中医医院达到医疗服务能力基本标准。丰富中医馆服务内涵，促进中医适宜技术推广应用。探索有利于发挥中医药优势的康复服务模式。建立和完善国家重大疑难疾病中西医协作工作机制与模式。推进中医药博物馆事业发展，实施中医药文化传播行动，推动中医药文化进校园。发展中医药健康旅游。

（二）夯实中医药高质量发展基础。开展中医药活态传承、古籍文献资源保护与利用。提升中医循证能力。促进中医药科技创新。加快古代经典名方制剂研发。加强中药质量保障，建设药材质量标准体系、监测体系、可追溯体系。推动教育教学改革，构建符合中医药特点的人才培养模式。健全中医医师规范化培训制度和全科医生、乡村医生中医药知识培训机制。

八、做优做强健康产业

（一）推动医药工业创新发展。鼓励新药研发创新和使用，加快临床急需重大疾病治疗药物的研发和产业化，支持优质仿制药研发。加快构建药品快速应急研发生产体系，针对新发突发传染病以及其他涉及国家公共卫生安全的应急需求，加强对防控所需药品和医疗器械应急研发、检验检测、体系核查、审评审批、监测评价等工作的统一指挥与协调。建立国家参考品原料样本和病患信息应急调用机制，完善药品紧急研发攻关机制。深化药品医疗器械审评审批制度改革，对符合要求的创新药、临床急需的短缺药品和医疗器械、罕见病治疗药品等，加快审评审批。强化对经济实惠的精神疾病药物和长效针剂的研发攻坚。

（二）促进高端医疗装备和健康用品制造生产。优化创新医疗装备注册评审流程。开展原创性技术攻关，推出一批融合人工智能等新技术的高质量医疗装备。鼓励有条件的地方建设医疗装备应用推广基地，打造链条完善、特色鲜明的医疗装备产业集群。完善养老托育等相关用品标准体系，支持前沿技术和产品研发应用。围绕健康促进、慢病管理、养老服务等需求，重点发展健康管理、智能康复辅助器具、科学健身、中医药养生保健等新型健康产品，推动符合条件的人工智能产品进入临床试验。推进智能服务机器人发展，实施康复辅助器具、智慧老龄化技术推广应用工程。

（三）促进社会办医持续规范发展。鼓励社会力量在医疗资源薄弱区域和康复、护理、精神卫生等短缺领域举办非营利性医疗机构。引导促进医学检验中心、医学影像中心等独立设置机构规范发展，鼓励有经验的执业医师开办诊所。增加规范化健康管理服务供给，发展高危人群健康体检、健康风险评估、健康咨询和健康干预等服务。落实行业监管职责，促进社会办医规范发展。

（四）增加商业健康保险供给。鼓励围绕特需医疗、前沿医疗技术、创新药、高端医疗器械应用以及疾病风险评估、疾病预防、中医治未病、运动健身等服务，增加新型健康保险产品供给。鼓励保险机构开展管理式医疗试点，建立健康管理组织，提供健康保险、健康管理、医疗服务、长期照护等服务。在基本签约服务包基础上，鼓励社会力量提供差异化、定制化的健康管理服务包，探索将商业健康保险作为筹资或合作渠道。进一步完善商业长期护理保险支持政策。搭建高水平公立医院及其特需医疗部分与保险机构的对接平台，促进医、险定点合作。加快发展医疗责任险、医疗意外保险，鼓励保险机构开发托育机构责任险和运营相关保险。

（五）推进健康相关业态融合发展。促进健康与养老、旅游、互联网、健身休闲、食品等产业融合发展，壮大健康新业态、新模式。支持面向老年人的健康管理、预防干预、养生保健、健身休闲、文化娱乐、旅居养老等业态深度融合，创新发展健康咨询、紧急救护、慢性病管理、生活照护等智慧健康养老服务。强化国有经济在健康养老领域有效供给。推动健康旅游发展，加快健康旅游基地建设。选择教学科研资源丰富、医疗服务能力强、产业实力雄厚的城市或区域，以高水平医院为基础，完善综合协同政策，打造健康产业集群。

九、强化国民健康支撑与保障

（一）深化医药卫生体制改革。

加快建设分级诊疗体系。加强城市医疗集团网格化布局管理，整合医疗机构和专业公共卫生机构，为网格内居民提供一体化、连续性医疗卫生服务。加快推动县域综合医改，推进紧密型县域医共体建设，推进专科联盟和远程医疗协作网发展。稳步扩大家庭医生签约服务覆盖范围，加强基本公共卫生服务与家庭医生签约服务的衔接，提高签约服务质量。明确各级医疗卫生机构在相关疾病诊疗中的职责分工、转诊标准和转诊程序，形成连续通畅的双向转诊服务路径。推动三级医院提高疑难危重症和复杂手术占比，缩短平均住院日。

推动公立医院高质量发展。健全现代医院管理制度，充分发挥公立医院党委把方向、管大局、作决策、促改革、保落实的领导作用，健全全面预算管理、成本管理、预算绩效管理、内部审计和信息公开机制，推动医院管理科学化、精细化、规范化。全面开展公立医院绩效考核，持续优化绩效考核指标体系和方法。大力弘扬伟大抗疫精神和崇高职业精神，在全社会营造尊医重卫的良好氛围。推进优抚医院改革发展。提高监管场所医疗机构专业化水平。

深化相关领域联动改革。发挥好福建省三明市作为全国医改经验推广基地的作用，加大经验推广力度，按照“腾空间、调结构、保衔接”的路径，加快推进综合改革。健全全民医保制度，开展按疾病诊断相关分组、按病种分值付费，对于精神病、安宁疗护和医疗康复等需要长期住院治疗且日均费用较稳定的疾病推进按床日付费，将符合条件的互联网医疗服务按程序纳入医保支付范围。稳步建立长期护理保险制度。完善药品供应保障体系，扩大药品和高值医用耗材集中采购范围，落实集中采购医保资金结余留用政策，完善短缺药品监测网络和信息直报制度，保障儿童等特殊人群用药。深化医疗服务价格改革，规范管理医疗服务价格项目，建立灵敏有度的价格动态调整机制，优化中医医疗服务价格政策。深化人事薪酬制度改革，落实医疗卫生机构内部分配自主权，建立主要体现岗位职责和知识价值的薪酬体系。

健全医疗卫生综合监管制度。建立健全机构自治、行业自律、政府监管、社会监督相结合的医疗卫生综合监督管理体系，加强对服务要素准入、质量安全、公共卫生、机构运行、医疗保障基金、健康养老、托育服务和健康产业等的监管。积极培育医疗卫生行业组织，在制定行业管理规范和技术标准、规范执业行为、维护行业信誉、调解处理服务纠纷等方面更好发挥作用。提升卫生健康监督执法能力。构建更为严密的医疗卫生机构安全生产责任体系，加强医疗卫生机构危险化学品使用管理，落实医疗卫生机构消防安全管理责任，深入开展从业人员消防安全教育培训。

专栏4　深化医疗卫生体制改革项目
紧密型医疗联合体等网格化布局,公立医院高质量发展,公立医院综合改革示范,公立医院薪酬制度改革,医疗服务价格改革,药品、高值医用耗材集中采购,全国医疗服务成本价格监测网络,地方医改监测评价。

(二)强化卫生健康人才队伍建设。强化医教协同,推进以胜任力为导向的教育教学改革,优化医学专业结构。完善毕业后医学教育制度,支持新进医疗岗位的本科及以上学历临床医师均接受住院医师规范化培训。健全继续医学教育制度。强化基层人才队伍建设,加强全科医生临床培养培训,深入实施全科医生特岗计划、农村订单定向医学生免费培养和助理全科医生培训,有条件的地区探索实施“县聘乡用、乡聘村用”。开发退休医务人员人力资源,支持城市二级以上医院在职或退休医师到乡村医疗卫生机构多点执业或开办诊所。加强乡村卫生人才在岗培训和继续教育。加强疾控骨干人才队伍建设,提升现场流行病学调查等核心能力。完善公共卫生人员准入、使用和考核评价等机制。加强职业卫生复合型人才培养。加强药师队伍建设和配备使用。改革完善医务人员评价机制,坚持分层分类评价,突出品德能力业绩导向,增加临床工作数量和质量指标,探索试行成果代表作制度,淡化论文数量要求。

(三)加快卫生健康科技创新。推进医学科技创新体系的核心基地建设。新布局一批国家临床医学研究中心,形成覆盖全国的协同研究网络。加强疾病防控和公共卫生科研攻关体系与能力建设,汇聚力量协同开展重大传染病防控全链条研究。面向人民生命健康,开展卫生健康领域科技体制改革试点,启动卫生健康领域科技创新2030—重大项目、“十四五”重点研发计划等国家科技计划,实施“脑科学与类脑研究”等重大项目以及“常见多发病防治研究”、“生育健康及妇女儿童健康保障”等重点专项。健全涉及人的医学研究管理制度,规范生物医学新技术临床研究与转化应用管理。加快推广应用适合基层和边远地区的适宜医疗卫生技术。完善审批程序,加强实验室生物安全管理,强化运行评估和监管。完善高级别病原微生物实验室运行评价和保障体系,完善国家病原微生物菌(毒)种和实验细胞等可培养物保藏体系。

(四)促进全民健康信息联通应用。落实医疗卫生机构信息化建设标准与规范。依托实体医疗机构建设互联网医院,为签约服务重点人群和重点随访患者提供远程监测和远程治疗,推动构建覆盖诊前、诊中、诊后的线上线下一体化医疗服务模式。支持医疗联合体运用互联网技术便捷开展预约诊疗、双向转诊、远程医疗等服务。优化"互联网+"签约服务,全面对接居民电子健康档案、电子病历,逐步接入更广泛的健康数据,为签约居民在线提供健康咨询、预约转诊、慢性病随访、健康管理、延伸处方等服务。推动"互联网+慢性病(糖尿病、高血压)管理",实现慢性病在线复诊、处方流转、医保结算和药品配送。推广应用人工智能、大数据、第五代移动通信(5G)、区块链、物联网等新兴信息技术,实现智能医疗服务、个人健康实时监测与评估、疾病预警、慢病筛查等。指导医疗机构合理保留传统服务方式,着力解决老年人等群体运用智能技术困难的问题。构建权威统一、互联互通的全民健康信息平台,完善全民健康信息核心数据库,推进各级各类医疗卫生机构统一接入和数据共享。探索建立卫生健康、医疗保障、药监等部门信息共享机制,通过全国一体化政务服务平台,实现跨地区、跨部门数据共享。研究制定数据开放清单,开展政府医疗健康数据授权运营试点。严格规范公民健康信息管理使用,强化数据资源全生命周期安全保护。

(五)完善卫生健康法治体系。贯彻落实基本医疗卫生与健康促进法,加快推动传染病防治法、突发公共卫生事件应对法、职业病防治法、中医药传统知识保护条例等法律法规的制修订工作,构建系统完备的卫生健康法律体系。加快完善医疗卫生技术标准体系,针对"互联网+医疗健康"等新业态加快标准制修订。加强普法宣传。持续深化卫生健康领域"放管服"改革。

（六）加强交流合作。全方位推进卫生健康领域国际合作，推动构建人类卫生健康共同体。完善政策对话与协作机制，深入参与相关国际标准、规范、指南等的研究、谈判与制定。健全跨境卫生应急沟通协调机制。完善我国参与国际重特大突发公共卫生事件应对机制。深化中医药领域国际交流合作。促进“一带一路”卫生健康合作，推进健康丝绸之路建设。创新卫生发展援助与合作模式。深化与港澳台地区卫生健康交流合作。

十、强化组织实施

（一）加强组织领导。加强党对卫生健康工作的领导，强化政府责任，健全部门协作机制，及时细化完善政策措施，完善国民健康政策，推动各项任务落实。加快建立健康影响评价评估制度，推动经济社会发展规划中突出健康目标指标、公共政策制定实施中向健康倾斜、公共资源配置上优先满足健康发展需要。

（二）动员各方参与。强化跨部门协作，发挥工会、共青团、妇联、残联、计生协会等群团组织以及其他社会组织的作用，调动各企（事）业单位、学校、村（社区）积极性和创造性，鼓励相关行业学会、协会等充分发挥专业优势，将卫生健康工作纳入基层治理，引导群众主动落实健康主体责任、践行健康生活方式。

（三）做好宣传引导。发挥基层首创精神，鼓励地方结合实际积极探索创新。及时总结推广地方好的经验和做法，发挥示范引领作用。积极宣传推进健康中国建设相关政策措施，做好信息发布，加强正面宣传和典型报道。加强舆论引导，及时回应社会关切。

（四）强化监测评价。健全卫生健康规划体系，加强不同层级规划衔接。各有关部门要加强对地方的指导。建立健全规划实施监测评价机制，加强监测评估能力建设，对规划实施进行年度监测和中期、末期评估，及时发现和统筹研究解决实施中的问题。

国务院关于印发气象高质量发展纲要（2022—2035年）的通知

（2022年4月28日　国发〔2022〕11号）

现将《气象高质量发展纲要（2022—2035年）》印发给你们，请认真贯彻执行。

气象高质量发展纲要（2022—2035年）

气象事业是科技型、基础性、先导性社会公益事业。党的十八大以来，在以习近平同志为核心的党中央坚强领导下，各地区各有关部门不懈努力，推动我国气象事业发展取得显著成就。在全球气候变暖背景下，我国极端天气气候事件增多增强，统筹发展和安全对防范气象灾害重大风险的要求越来越高，人民群众美好生活对气象服务保障的需求越来越多样。为贯彻落实党中央、国务院决策部署，适应新形势新要求，加快推进气象高质量发展，制定本纲要。

一、总体要求

（一）指导思想。以习近平新时代中国特色社会主义思想为指导，完整、准确、全面贯彻新发展理念，加快构建新发展格局，面向国家重大战略、面向人民生产生活、面向世界科技前沿，以提供高质量气象服务为导向，坚持创新驱动发展、需求牵引发展、多方协同发展，加快推进气象现代化建设，努力构建科技领先、监测精密、预报精准、服务精细、人民满意的现代气象体系，充分发挥气象防灾减灾第一道防线作用，全方位保障生命安全、生产发展、生活富裕、生态良好,更好满足人民日益增长的美好生活需要,为加快生态文明建设、全面建成社会主义现代化强国、实现中华民族伟大复兴的中国梦提供坚强支撑。

(二)发展目标。

到2025年,气象关键核心技术实现自主可控,现代气象科技创新、服务、业务和管理体系更加健全,监测精密、预报精准、服务精细能力不断提升,气象服务供给能力和均等化水平显著提高,气象现代化迈上新台阶。

到2035年,气象关键科技领域实现重大突破,气象监测、预报和服务水平全球领先,国际竞争力和影响力显著提升,以智慧气象为主要特征的气象现代化基本实现。气象与国民经济各领域深度融合,气象协同发展机制更加完善,结构优化、功能先进的监测系统更加精密,无缝隙、全覆盖的预报系统更加精准,气象服务覆盖面和综合效益大幅提升,全国公众气象服务满意度稳步提高。

二、增强气象科技自主创新能力

(三)加快关键核心技术攻关。实施国家气象科技中长期发展规划,将气象重大核心技术攻关纳入国家科技计划(专项、基金等)予以重点支持。加强天气机理、气候规律、气候变化、气象灾害发生机理和地球系统多圈层相互作用等基础研究,强化地球系统数值预报模式、灾害性天气预报、气候变化、人工影响天气、气象装备等领域的科学研究和技术攻关。开展暴雨、强对流天气、季风、台风、青藏高原和海洋等大气科学试验。加强人工智能、大数据、量子计算与气象深度融合应用。推动国际气象科技深度合作,探索牵头组织地球系统、气候变化等领域国际大科学计划和大科学工程。

(四)加强气象科技创新平台建设。推进海洋、青藏高原、沙漠等区域气象研究能力建设,做强做优灾害性天气相关全国重点实验室,探索统筹重大气象装备、气象卫星、暴雨、台风等气象科技创新平台和能力建设。推进气象国家野外科学观测研究站建设,在关键区域建设一批气象野外科学试验基地。强化气象科研机构科技创新能力建设,探索发展新型研发机构和气象产业技术创新联盟。研究实施气象科技力量倍增计划。

(五)完善气象科技创新体制机制。建立数值预报等关键核心技术联合攻关机制,推动气象重点领域项目、人才、资金一体化配置。改进气象科技项目组织管理方式,完善"揭榜挂帅"制度。深化气象科研院所改革,扩大科研自主权。健全气象科技成果分类评价制度,完善气象科技成果转化应用和创新激励机制。建设气象科研诚信体系。

三、加强气象基础能力建设

(六)建设精密气象监测系统。按照相关规划统一布局,共同建设国家天气、气候及气候变化、专业气象和空间气象观测网,形成陆海空天一体化、协同高效的精密气象监测系统。持续健全气象卫星和雷达体系,强化遥感综合应用,做好频率使用需求分析和相关论证。加强全球气象监测,提升全球气象资料获取及共享能力。发展高精度、智能化气象探测装备,推进国产化和迭代更新,完善气象探测装备计量检定和试验验证体系。科学加密建设各类气象探测设施。健全气象观测质量管理体系。鼓励和规范社会气象观测活动。

(七)构建精准气象预报系统。加强地球系统数值预报中心能力建设,发展自主可控的地球系统数值预报模式,逐步形成"五个1"的精准预报能力,实现提前1小时预警局地强天气、提前1天预报逐小时天气、提前1周预报灾害性天气、提前1月预报重大天气过程、提前1年预测全球气候异常。完善台风、海洋、环境等专业气象预报模式,健全智能数字预报业务体系,提高全球重要城市天气预报、灾害性天气预报和重要气候事件预测水平。建立协同、智能、高效的气象综合预报预测分析平台。

(八)发展精细气象服务系统。推进气象服务数字化、智能化转型,发展基于场景、基于影响的气象服务技术,研究构建气象服务大数据、智能化产品制作和融媒体发布平台，发展智能研判、精准推送的智慧气象服务。建立气象部门与各类服务主体互动机制，探索打造面向全社会的气象服务支撑平台和众创平台，促进气象信息全领域高效应用。

（九）打造气象信息支撑系统。在确保气象数据安全的前提下，建设地球系统大数据平台，推进信息开放和共建共享。健全跨部门、跨地区气象相关数据获取、存储、汇交、使用监管制度，研制高质量气象数据集，提高气象数据应用服务能力。适度超前升级迭代气象超级计算机系统。研究建设固移融合、高速泛在的气象通信网络。构建数字孪生大气，提升大气仿真模拟和分析能力。制定气象数据产权保护政策。强化气象数据资源、信息网络和应用系统安全保障。

四、筑牢气象防灾减灾第一道防线

（十）提高气象灾害监测预报预警能力。坚持人民至上、生命至上，健全分灾种、分重点行业气象灾害监测预报预警体系，提高极端天气气候事件和中小河流洪水、山洪灾害、地质灾害、海洋灾害、流域区域洪涝、森林草原火灾等气象风险预报预警能力。完善国家突发事件预警信息发布系统。建设气象灾害风险评估和决策信息支持系统，建立气象灾害鉴定评估制度。发展太阳风暴、地球空间暴等空间天气灾害监测预报预警，加强国家空间天气监测预警中心能力建设。

（十一）提高全社会气象灾害防御应对能力。定期开展气象灾害综合风险普查和风险区划。加强气象灾害防御规划编制和设施建设，根据气象灾害影响修订基础设施标准、优化防御措施，提升重点区域、敏感行业基础设施设防水平和承灾能力。统筹制定气象灾害预警发布规程，建立重大气象灾害预警信息快速发布“绿色通道”制度，推动第五代移动通信（5G）、小区广播等技术在预警信息发布中的应用。实施“网格+气象”行动，将气象防灾减灾纳入乡镇、街道等基层网格化管理。加强科普宣传教育和气象文化基地建设。强化重大气象灾害应急演练。

（十二）提升人工影响天气能力。编制和实施全国人工影响天气发展规划。加强国家、区域、省级人工影响天气中心和国家人工影响天气试验基地建设。发展安全高效的人工影响天气作业技术和高性能增雨飞机等新型作业装备，提高防灾减灾救灾、生态环境保护与修复、国家重大活动保障、重大突发事件应急保障等人工影响天气作业水平。健全人工影响天气工作机制，完善统一协调的人工影响天气指挥和作业体系。加强人工影响天气作业安全管理。

（十三）加强气象防灾减灾机制建设。坚持分级负责、属地管理原则，健全气象防灾减灾体制机制。完善气象灾害应急预案和预警信息制作、发布规范。健全以气象灾害预警为先导的联动机制，提高突发事件应急救援气象保障服务能力，建立极端天气防灾避险制度。定期开展气象灾害防御水平评估，督促落实气象灾害防御措施。加强气象灾害风险管理，完善气象灾害风险转移制度。依法做好重大规划、重点工程项目气候可行性论证，强化国家重大工程建设气象服务保障。

五、提高气象服务经济高质量发展水平

（十四）实施气象为农服务提质增效行动。加强农业生产气象服务，强化高光谱遥感等先进技术及相关设备在农情监测中的应用，提升粮食生产全过程气象灾害精细化预报能力和粮食产量预报能力。面向粮食生产功能区、重要农产品生产保护区和特色农产品优势区，加强农业气象灾害监测预报预警能力建设，做好病虫害防治气象服务，开展种子生产气象服务。建立全球粮食安全气象风险监测预警系统。探索建设智慧农业气象服务基地，强化特色农业气象服务，实现面向新型农业经营主体的直通式气象服务全覆盖。充分利用气候条件指导农业生产和农业结构调整，加强农业气候资源开发利用。

（十五）实施海洋强国气象保障行动。加强海洋气象观测能力建设,实施远洋船舶、大型风电场等平台气象观测设备搭载计划,推进海洋和气象资料共享共用。加强海洋气象灾害监测预报预警,全力保障海洋生态保护、海上交通安全、海洋经济发展和海洋权益维护。强化全球远洋导航气象服务能力,为海上运输重要航路和重要支点提供气象信息服务。

(十六)实施交通强国气象保障行动。探索打造现代综合交通气象服务平台,加强交通气象监测预报预警能力建设。开展分灾种、分路段、分航道、分水域、分铁路线路的精细化交通气象服务。强化川藏铁路、西部陆海新通道、南水北调等重大工程和部分重点水域交通气象服务。加强危险天气咨询服务。建立多式联运物流气象服务体系,开展全球商贸物流气象保障服务。

(十七)实施"气象+"赋能行动。推动气象服务深度融入生产、流通、消费等环节。提升能源开发利用、规划布局、建设运行和调配储运气象服务水平。强化电力气象灾害预报预警,做好电网安全运行和电力调度精细化气象服务。积极发展金融、保险和农产品期货气象服务。健全相关制度政策,促进和规范气象产业有序发展,激发气象市场主体活力。

(十八)实施气象助力区域协调发展行动。在京津冀协同发展、长江经济带发展、粤港澳大湾区建设、长三角一体化发展、黄河流域生态保护和高质量发展等区域重大战略实施中,加强气象服务保障能力建设,提供优质气象服务。鼓励东部地区率先实现气象高质量发展,推动东北地区气象发展取得新突破,支持中西部地区气象加快发展,构建与区域协调发展战略相适应的气象服务保障体系。

六、优化人民美好生活气象服务供给

(十九)加强公共气象服务供给。创新公共气象服务供给模式,建立公共气象服务清单制度,形成保障公共气象服务体系有效运行的长效机制。推进公共气象服务均等化,加强气象服务信息传播渠道建设,实现各类媒体气象信息全接入。增强农村、山区、海岛、边远地区以及老年人、残疾人等群体获取气象信息的便捷性,扩大气象服务覆盖面。

(二十)加强高品质生活气象服务供给。开展个性化、定制化气象服务,推动气象服务向高品质和多样化升级。推进气象融入数字生活,加快数字化气象服务普惠应用。强化旅游资源开发、旅游出行安全气象服务供给。提升冰雪运动、水上运动等竞技体育和全民健身气象服务水平。

(二十一)建设覆盖城乡的气象服务体系。加强城市气象灾害监测预警,按照有关规划加密城市气象观测站点,发展分区、分时段、分强度精细化预报。在城市规划、建设、运行中充分考虑气象风险和气候承载力,增强城市气候适应性和重大气象灾害防控能力。将气象服务全面接入城市数据大脑,探索推广保障城市供水供电供气供热、防洪排涝、交通出行、建筑节能等智能管理的气象服务系统。将农村气象防灾减灾纳入乡村建设行动,构建行政村全覆盖的气象预警信息发布与响应体系,加强农村气象灾害高风险地区监测预警服务能力建设。

七、强化生态文明建设气象支撑

(二十二)强化应对气候变化科技支撑。加强全球变暖对青藏高原等气候承载力脆弱区影响的监测。开展气候变化对粮食安全、水安全、生态安全、交通安全、能源安全、国防安全等影响评估和应对措施研究。强化气候承载力评估,建立气候安全早期预警系统,在重点区域加强气候变化风险预警和智能决策能力建设。加强温室气体浓度监测与动态跟踪研究。建立气候变化监测发布制度。加强国际应对气候变化科学评估,增强参与全球气候治理科技支撑能力。

(二十三)强化气候资源合理开发利用。加强气候资源普查和规划利用工作,建立风能、太阳能等气候资源普查、区划、监测和信息统一发布制度,研究加快相关监测网建设。开展风电和光伏发电开发资源量评估,对全国可利用的风电和光伏发电资源进行全面勘查评价。研究建设气候资源监测和预报系统,提高风电、光伏发电功率预测精度。探索建设风能、太阳能等气象服务基地,为风电场、太阳能电站等规划、建设、运行、调度提供高质量气象服务。

(二十四)强化生态系统保护和修复气象保障。实施生态气象保障工程,加强重要生态系统保护和修复重大工程建设、生态保护红线管控、生态文明建设目标评价考核等气象服务。建立"三区四带"(青藏高原生态屏障区、黄河重点生态区、长江重点生态区和东北森林带、北方防沙带、南方丘陵山地带、海岸带)及自然保护地等重点区域生态气象服务机制。加强面向多污染物协同控制和区域协同治理的气象服务,提高重污染天气和突发环境事件应对气象保障能力。建立气候生态产品价值实现机制,打造气象公园、天然氧吧、避暑旅游地、气候宜居地等气候生态品牌。

八、建设高水平气象人才队伍

(二十五)加强气象高层次人才队伍建设。加大国家级人才计划和人才奖励对气象领域支持力度。实施专项人才计划,培养造就一批气象战略科技人才、科技领军人才和创新团队,打造具有国际竞争力的青年科技人才队伍,加快形成气象高层次人才梯队。京津冀、长三角、粤港澳大湾区及高层次人才集中的中心城市,要深化气象人才体制机制改革创新,进一步加强对气象高层次人才的吸引和集聚。

(二十六)强化气象人才培养。加强大气科学领域学科专业建设和拔尖学生培养。鼓励和引导高校设置气象类专业,扩大招生规模,优化专业结构,加强气象跨学科人才培养,促进气象基础学科和应用学科交叉融合,形成高水平气象人才培养体系。将气象人才纳入国家基础研究人才专项。强化气象人才培养国际合作。加强气象教育培训体系和能力建设,推动气象人才队伍转型发展和素质提升。

(二十七)优化气象人才发展环境。建立以创新价值、能力、贡献为导向的气象人才评价体系,健全与岗位职责、工作业绩、实际贡献等紧密联系，充分体现人才价值、鼓励创新创造的分配激励机制，落实好成果转化收益分配有关规定。统筹不同层级、不同区域、不同领域人才发展，将气象人才培养统筹纳入地方人才队伍建设。引导和支持高校毕业生到中西部和艰苦边远地区从事气象工作，优化基层岗位设置，在基层台站专业技术人才中实施“定向评价、定向使用”政策，夯实基层气象人才基础。大力弘扬科学家精神和工匠精神，加大先进典型宣传力度。对在气象高质量发展工作中作出突出贡献的单位和个人，按照国家有关规定给予表彰和奖励。

九、强化组织实施

（二十八）加强组织领导。坚持党对气象工作的全面领导，健全部门协同、上下联动的气象高质量发展工作机制，将气象高质量发展纳入相关规划，统筹做好资金、用地等保障。中国气象局要加强对纲要实施的综合协调和督促检查，开展气象高质量发展试点，探索形成可复制、可推广的经验和做法，为加快推进气象现代化建设作出示范。

（二十九）统筹规划布局。科学编制实施气象设施布局和建设规划，推进气象资源合理配置、高效利用和开放共享。深化气象服务供给侧结构性改革，推进气象服务供需适配、主体多元。建立相关行业气象统筹发展体制机制，将各部门各行业自建的气象探测设施纳入国家气象观测网络，由气象部门实行统一规划和监督协调。

（三十）加强法治建设。推动完善气象法律法规体系。依法保护气象设施和气象探测环境，实施公众气象预报、灾害性天气警报和气象灾害预警信号统一发布制度，规范人工影响天气、气象灾害防御、气候资源保护和开发利用、气象信息服务等活动。加强防雷安全、人工影响天气作业安全监管。健全气象标准体系。

（三十一）推进开放合作。深化气象领域产学研用融合发展。加强风云气象卫星全球服务，为共建“一带一路”国家气象服务提供有力支撑。加强气象开放合作平台建设，在世界气象组织等框架下积极参与国际气象事务规则、标准制修订。

（三十二）加强投入保障。加强对推动气象高质量发展工作的政策和资金支持。在国家科技计划实施中支持气象领域科学研究和科研项目建设。完善升级迭代及运行维护机制，支持基层和欠发达地区气象基础能力建设。按规定落实艰苦边远地区基层气象工作者有关待遇。积极引导社会力量推动气象高质量发展。

国务院办公厅关于印发新污染物治理行动方案的通知

（2022年5月4日　国办发〔2022〕15号）

《新污染物治理行动方案》已经国务院同意，现印发给你们，请认真贯彻执行。

新污染物治理行动方案

有毒有害化学物质的生产和使用是新污染物的主要来源。目前，国内外广泛关注的新污染物主要包括国际公约管控的持久性有机污染物、内分泌干扰物、抗生素等。为深入贯彻落实党中央、国务院决策部署，加强新污染物治理，切实保障生态环境安全和人民健康，制定本行动方案。

一、总体要求

（一）指导思想。以习近平新时代中国特色社会主义思想为指导，全面贯彻党的十九大和十九届历次全会精神，深入贯彻习近平生态文明思想，立足新发展阶段，完整、准确、全面贯彻新发展理念，构建新发展格局，推动高质量发展，以有效防范新污染物环境与健康风险为核心，以精准治污、科学治污、依法治污为工作方针，遵循全生命周期环境风险管理理念，统筹推进新污染物环境风险管理，实施调查评估、分类治理、全过程环境风险管控，加强制度和科技支撑保障，健全新污染物治理体系，促进以更高标准打好蓝天、碧水、净土保卫战，提升美丽中国、健康中国建设水平。

（二）工作原则。

——科学评估，精准施策。开展化学物质调查监测，科学评估环境风险，精准识别环境风险较大的新污染物，针对其产生环境风险的主要环节，采取源头禁限、过程减排、末端治理的全过程环境风险管控措施。

——标本兼治，系统推进。“十四五”期间，对一批重点管控新污染物开展专项治理。同时，系统构建新污染物治理长效机制，形成贯穿全过程、涵盖各类别、采取多举措的治理体系，统筹推动大气、水、土壤多环境介质协同治理。

——健全体系，提升能力。建立健全管理制度和技术体系，强化法治保障。建立跨部门协调机制，落实属地责任。强化科技支撑与基础能力建设，加强宣传引导，促进社会共治。

（三）主要目标。到 2025 年，完成高关注、高产（用）量的化学物质环境风险筛查，完成一批化学物质环境风险评估；动态发布重点管控新污染物清单；对重点管控新污染物实施禁止、限制、限排等环境风险管控措施。有毒有害化学物质环境风险管理法规制度体系和管理机制逐步建立健全，新污染物治理能力明显增强。

二、行动举措

（一）完善法规制度，建立健全新污染物治理体系。

1. 加强法律法规制度建设。研究制定有毒有害化学物质环境风险管理条例。建立健全化学物质环境信息调查、环境调查监测、环境风险评估、环境风险管控和新化学物质环境管理登记、有毒化学品进出口环境管理等制度。加强农药、兽药、药品、化妆品管理等相关制度与有毒有害化学物质环境风险管理相关制度的衔接。(生态环境部、农业农村部、市场监管总局、国家药监局等按职责分工负责)

2. 建立完善技术标准体系。建立化学物质环境风险评估与管控技术标准体系,制定修订化学物质环境风险评估、经济社会影响分析、危害特性测试方法等标准。完善新污染物环境监测技术体系。(生态环境部牵头,工业和信息化部、国家卫生健康委、市场监管总局等按职责分工负责)

3. 建立健全新污染物治理管理机制。建立生态环境部门牵头,发展改革、科技、工业和信息化、财政、住房城乡建设、农业农村、商务、卫生健康、海关、市场监管、药监等部门参加的新污染物治理跨部门协调机制,统筹推进新污染物治理工作。加强部门联合调查、联合执法、信息共享,加强法律、法规、制度、标准的协调衔接。按照国家统筹、省负总责、市县落实的原则,完善新污染物治理的管理机制,全面落实新污染物治理属地责任。成立新污染物治理专家委员会,强化新污染物治理技术支撑。(生态环境部牵头,国家发展改革委、科技部、工业和信息化部、财政部、住房城乡建设部、农业农村部、商务部、国家卫生健康委、海关总署、市场监管总局、国家药监局等按职责分工负责,地方各级人民政府负责落实。以下均需地方各级人民政府落实,不再列出)

(二)开展调查监测,评估新污染物环境风险状况。

4. 建立化学物质环境信息调查制度。开展化学物质基本信息调查,包括重点行业中重点化学物质生产使用的品种、数量、用途等信息。针对列入环境风险优先评估计划的化学物质,进一步开展有关生产、加工使用、环境排放数量及途径、危害特性等详细信息调查。2023 年年底前,完成首轮化学物质基本信息调查和首批环境风险优先评估化学物质详细信息调查。(生态环境部负责)

5. 建立新污染物环境调查监测制度。制定实施新污染物专项环境调查监测工作方案。依托现有生态环境监测网络,在重点地区、重点行业、典型工业园区开展新污染物环境调查监测试点。探索建立地下水新污染物环境调查、监测及健康风险评估技术方法。2025年年底前，初步建立新污染物环境调查监测体系。（生态环境部负责）

6. 建立化学物质环境风险评估制度。研究制定化学物质环境风险筛查和评估方案，完善评估数据库，以高关注、高产（用）量、高环境检出率、分散式用途的化学物质为重点，开展环境与健康危害测试和风险筛查。动态制定化学物质环境风险优先评估计划和优先控制化学品名录。2022年年底前，印发第一批化学物质环境风险优先评估计划。（生态环境部、国家卫生健康委等按职责分工负责）

7. 动态发布重点管控新污染物清单。针对列入优先控制化学品名录的化学物质以及抗生素、微塑料等其他重点新污染物，制定"一品一策"管控措施，开展管控措施的技术可行性和经济社会影响评估，识别优先控制化学品的主要环境排放源，适时制定修订相关行业排放标准，动态更新有毒有害大气污染物名录、有毒有害水污染物名录、重点控制的土壤有毒有害物质名录。动态发布重点管控新污染物清单及其禁止、限制、限排等环境风险管控措施。2022年发布首批重点管控新污染物清单。鼓励有条件的地区在落实国家任务要求的基础上，参照国家标准和指南，先行开展化学物质环境信息调查、环境调查监测和环境风险评估，因地制宜制定本地区重点管控新污染物补充清单和管控方案，建立健全有关地方政策标准等。（生态环境部牵头，工业和信息化部、农业农村部、商务部、国家卫生健康委、海关总署、市场监管总局、国家药监局等按职责分工负责）

（三）严格源头管控，防范新污染物产生。

8. 全面落实新化学物质环境管理登记制度。严格执行《新化学物质环境管理登记办法》，落实企业新化学物质环境风险防控主体责任。加强新化学物质环境管理登记监督，建立健全新化学物质登记测试数据质量监管机制，对新化学物质登记测试数据质量进行现场核查并公开核查结果。建立国家和地方联动的监督执法机制，按照“双随机、一公开”原则，将新化学物质环境管理事项纳入环境执法年度工作计划，加大对违法企业的处罚力度。做好新化学物质和现有化学物质环境管理衔接，完善《中国现有化学物质名录》。（生态环境部负责）

9. 严格实施淘汰或限用措施。按照重点管控新污染物清单要求，禁止、限制重点管控新污染物的生产、加工使用和进出口。研究修订《产业结构调整指导目录》，对纳入《产业结构调整指导目录》淘汰类的工业化学品、农药、兽药、药品、化妆品等，未按期淘汰的，依法停止其产品登记或生产许可证核发。强化环境影响评价管理，严格涉新污染物建设项目准入管理。将禁止进出口的化学品纳入禁止进（出）口货物目录，加强进出口管控；将严格限制用途的化学品纳入《中国严格限制的有毒化学品名录》，强化进出口环境管理。依法严厉打击已淘汰持久性有机污染物的非法生产和加工使用。（国家发展改革委、工业和信息化部、生态环境部、农业农村部、商务部、海关总署、市场监管总局、国家药监局等按职责分工负责）

10. 加强产品中重点管控新污染物含量控制。对采取含量控制的重点管控新污染物，将含量控制要求纳入玩具、学生用品等相关产品的强制性国家标准并严格监督落实，减少产品消费过程中造成的新污染物环境排放。将重点管控新污染物限值和禁用要求纳入环境标志产品和绿色产品标准、认证、标识体系。在重要消费品环境标志认证中，对重点管控新污染物进行标识或提示。（工业和信息化部、生态环境部、农业农村部、市场监管总局等按职责分工负责）

（四）强化过程控制，减少新污染物排放。

11. 加强清洁生产和绿色制造。对使用有毒有害化学物质进行生产或者在生产过程中排放有毒有害化学物质的企业依法实施强制性清洁生产审核,全面推进清洁生产改造;企业应采取便于公众知晓的方式公布使用有毒有害原料的情况以及排放有毒有害化学物质的名称、浓度和数量等相关信息。推动将有毒有害化学物质的替代和排放控制要求纳入绿色产品、绿色园区、绿色工厂和绿色供应链等绿色制造标准体系。(国家发展改革委、工业和信息化部、生态环境部、住房城乡建设部、市场监管总局等按职责分工负责)

12. 规范抗生素类药品使用管理。研究抗菌药物环境危害性评估制度,在兽用抗菌药注册登记环节对新品种开展抗菌药物环境危害性评估。加强抗菌药物临床应用管理,严格落实零售药店凭处方销售处方药类抗菌药物。加强兽用抗菌药监督管理,实施兽用抗菌药使用减量化行动,推行凭兽医处方销售使用兽用抗菌药。(生态环境部、农业农村部、国家卫生健康委、国家药监局等按职责分工负责)

13. 强化农药使用管理。加强农药登记管理,健全农药登记后环境风险监测和再评价机制。严格管控具有环境持久性、生物累积性等特性的高毒高风险农药及助剂。2025 年年底前,完成一批高毒高风险农药品种再评价。持续开展农药减量增效行动,鼓励发展高效低风险农药,稳步推进高毒高风险农药淘汰和替代。鼓励使用便于回收的大容量包装物,加强农药包装废弃物回收处理。(生态环境部、农业农村部等按职责分工负责)

(五)深化末端治理,降低新污染物环境风险。

14. 加强新污染物多环境介质协同治理。加强有毒有害大气污染物、水污染物环境治理,制定相关污染控制技术规范。排放重点管控新污染物的企事业单位应采取污染控制措施,达到相关污染物排放标准及环境质量目标要求;按照排污许可管理有关要求,依法申领排污许可证或填写排污登记表,并在其中载明执行的污染控制标准要求及采取的污染控制措施。排放重点管控新污染物的企事业单位和其他生产经营者应按照相关法律法规要求,对排放(污)口及其周边环境定期开展环境监测,评估环境风险,排查整治环境安全隐患，依法公开新污染物信息，采取措施防范环境风险。土壤污染重点监管单位应严格控制有毒有害物质排放，建立土壤污染隐患排查制度，防止有毒有害物质渗漏、流失、扬散。生产、加工使用或排放重点管控新污染物清单中所列化学物质的企事业单位应纳入重点排污单位。（生态环境部负责）

15. 强化含特定新污染物废物的收集利用处置。严格落实废药品、废农药以及抗生素生产过程中产生的废母液、废反应基和废培养基等废物的收集利用处置要求。研究制定含特定新污染物废物的检测方法、鉴定技术标准和利用处置污染控制技术规范。（生态环境部、农业农村部等按职责分工负责）

16. 开展新污染物治理试点工程。在长江、黄河等流域和重点饮用水水源地周边，重点河口、重点海湾、重点海水养殖区，京津冀、长三角、珠三角等区域，聚焦石化、涂料、纺织印染、橡胶、农药、医药等行业，选取一批重点企业和工业园区开展新污染物治理试点工程，形成一批有毒有害化学物质绿色替代、新污染物减排以及污水污泥、废液废渣中新污染物治理示范技术。鼓励有条件的地方制定激励政策，推动企业先行先试，减少新污染物的产生和排放。（工业和信息化部、生态环境部等按职责分工负责）

（六）加强能力建设，夯实新污染物治理基础。

17. 加大科技支撑力度。在国家科技计划中加强新污染物治理科技攻关，开展有毒有害化学物质环境风险评估与管控关键技术研究；加强新污染物相关新理论和新技术等研究，提升创新能力；加强抗生素、微塑料等生态环境危害机理研究。整合现有资源，重组环境领域全国重点实验室，开展新污染物相关研究。（科技部、生态环境部、国家卫生健康委等按职责分工负责）

18. 加强基础能力建设。加强国家和地方新污染物治理的监督、执法和监测能力建设。加强国家和区域（流域、海域）化学物质环境风险评估和新污染物环境监测技术支撑保障能力。建设国家化学物质环境风险管理信息系统，构建化学物质计算毒理与暴露预测平台。培育一批符合良好实验室规范的化学物质危害测试实验室。加强相关专业人才队伍建设和专项培训。(生态环境部、国家卫生健康委等部门按职责分工负责)

三、保障措施

(一)加强组织领导。坚持党对新污染物治理工作的全面领导。地方各级人民政府要加强对新污染物治理的组织领导,各省级人民政府是组织实施本行动方案的主体,于2022年年底前组织制定本地区新污染物治理工作方案,细化分解目标任务,明确部门分工,抓好工作落实。国务院各有关部门要加强分工协作,共同做好新污染物治理工作,2025年对本行动方案实施情况进行评估。将新污染物治理中存在的突出生态环境问题纳入中央生态环境保护督察。(生态环境部牵头,有关部门按职责分工负责)

(二)强化监管执法。督促企业落实主体责任,严格落实国家和地方新污染物治理要求。加强重点管控新污染物排放执法监测和重点区域环境监测。对涉重点管控新污染物企事业单位依法开展现场检查,加大对未按规定落实环境风险管控措施企业的监督执法力度。加强对禁止或限制类有毒有害化学物质及其相关产品生产、加工使用、进出口的监督执法。(生态环境部、农业农村部、海关总署、市场监管总局等按职责分工负责)

(三)拓宽资金投入渠道。鼓励社会资本进入新污染物治理领域,引导金融机构加大对新污染物治理的信贷支持力度。新污染物治理按规定享受税收优惠政策。(财政部、生态环境部、税务总局、银保监会等按职责分工负责)

(四)加强宣传引导。加强法律法规政策宣传解读。开展新污染物治理科普宣传教育,引导公众科学认识新污染物环境风险,树立绿色消费理念。鼓励公众通过多种渠道举报涉新污染物环境违法犯罪行为,充分发挥社会舆论监督作用。积极参与化学品国际环境公约和国际化学品环境管理行动,在全球环境治理中发挥积极作用。(生态环境部牵头,有关部门按职责分工负责)

国务院办公厅关于印发深化医药卫生体制改革2022年重点工作任务的通知

（2022年5月4日　国办发〔2022〕14号）

《深化医药卫生体制改革2022年重点工作任务》已经国务院同意，现印发给你们，请结合实际，认真组织实施。

深化医药卫生体制改革2022年重点工作任务

2022年是进入全面建设社会主义现代化国家、向第二个百年奋斗目标进军新征程的重要一年。深化医药卫生体制改革要坚持以习近平新时代中国特色社会主义思想为指导，全面贯彻党的十九大和十九届历次全会精神，认真落实习近平总书记重要指示精神和党中央、国务院决策部署，全面推进健康中国建设，深入推广三明医改经验，促进优质医疗资源扩容和均衡布局，深化医疗、医保、医药联动改革，持续推动从以治病为中心转变为以人民健康为中心，持续推进解决看病难、看病贵问题。

一、加快构建有序的就医和诊疗新格局

（一）发挥国家医学中心、国家区域医疗中心的引领辐射作用。依托现有资源，加快推进国家医学中心设置和建设，开展国家区域医疗中心建设项目，深化运行机制改革，年内基本完成全国范围内国家区域医疗中心建设项目的规划布局。（国家发展改革委、国家卫生健康委、教育部、国家中医药局、国家疾控局等和地方人民政府按职责分工负责。以下均需地方人民政府负责，不再列出）

（二）发挥省级高水平医院的辐射带动作用。依托现有资源，指导地方建设一批省级区域医疗中心，完善体制机制，引导省会城市和超（特）大城市中心城区的医院支持资源薄弱地区，推动优质医疗资源向市县延伸。（国家发展改革委、国家卫生健康委、国家中医药局等按职责分工负责）

（三）增强市县级医院服务能力。每个省份在2—3个设区的市开展紧密型城市医疗集团试点，完善体制机制，实行网格化布局和规范化管理。支持社会办医持续健康规范发展，支持社会办医疗机构牵头组建或参加医疗联合体。在县域推广临床服务、急诊急救新模式。深入推进紧密型县域医共体建设和体制机制改革，推动在医共体内实行行政、人事、财务、业务、药品、信息系统等统筹管理，加强监测评价，强化评价结果应用。（国家卫生健康委、国家发展改革委、人力资源社会保障部、国家中医药局等按职责分工负责）

（四）提升基层医疗卫生服务水平。落实和完善村医待遇保障与激励政策。推进健康乡村建设，采取巡诊、派驻等方式确保村级医疗卫生服务全覆盖，有条件的地方可推进“县管乡用、乡聘村用”。加强基层医疗机构和家庭医生（团队）健康管理服务，推广长期处方服务并完善相关医保支付政策。有序扩大家庭医生队伍来源渠道，创新服务方式。优化基本公共卫生服务项目，提升服务质量。（国家卫生健康委、人力资源社会保障部、国家医保局、国家乡村振兴局、国家中医药局等按职责分工负责）

（五）持续推进分级诊疗和优化就医秩序。组织制定疾病分级诊疗技术方案和入出院标准，引导有序就医。推进紧密型县域医共体总额付费，加强监督考核，结余留用、合理超支分担，促进区域或医疗联合体内合理就医。（国家卫生健康委、国家医保局、国家中医药局等按职责分工负责）

二、深入推广三明医改经验

（六）加大三明医改经验推广力度。跟踪评估各地深入推广三明医改经验工作进展，对工作滞后的及时通报并督促整改。落实《中共中央办公厅　国务院办公厅转发〈国务院深化医药卫生体制改革领导小组关于进一步推广深化医药卫生体制改革经验的若干意见〉的通知》等要求，推动由地方党委和政府主要负责同志或一位主要负责同志担任医改领导小组组长。（国务院医改领导小组秘书处、国家卫生健康委等按职责分工负责）

（七）开展药品耗材集中带量采购工作。扩大采购范围，力争每个省份国家和地方采购药品通用名数合计超过 350 个。国家层面开展一批脊柱类高值医用耗材集中带量采购。对国家组织采购以外用量大、采购金额高的药品耗材，指导各省份至少各实施或参与联盟采购实施 1 次集中带量采购，提高药品、高值医用耗材网采率。落实药品耗材集中采购医保资金结余留用政策，完善结余留用考核，激励合理优先使用中选产品。研究完善对抗菌药物等具有特殊性的药品集采规则和使用方案。加强医用耗材价格监测。（国家医保局、财政部、人力资源社会保障部、国家卫生健康委、国家中医药局等按职责分工负责）

（八）推进医疗服务价格改革。各省份 2022 年 6 月底前印发建立医疗服务价格动态调整机制相关文件，年底前将医疗服务价格调出成本监审和价格听证目录。指导地方科学设置医疗服务价格调整的启动条件、触发标准及约束条件，年内开展 1 次调价评估，符合条件的及时调价。指导 5 个医疗服务价格改革试点城市探索价格调整总量确定规则、调价综合评估指标体系等配套措施。（国家医保局、国家发展改革委、财政部、国家卫生健康委、国家中医药局等按职责分工负责）

（九）推进医保支付方式改革。推行以按病种付费为主的多元复合式医保支付方式，在全国 40%以上的统筹地区开展按疾病诊断相关分组（DRG）付费或按病种分值（DIP）付费改革工作，DRG 付费或 DIP 付费的医保基金占全部符合条件住院医保基金支出的比例达到 30%。对已进入实际付费阶段的试点城市进行评估，根据评估结果完善支付政策。推进门诊按人头付费相关工作,完善有关技术规范。(国家医保局、国家卫生健康委、国家中医药局、财政部等按职责分工负责)

(十)深化公立医院人事薪酬制度改革。指导地方结合实际用足用好编制资源,对符合条件的现有编外聘用专业技术人员,可探索通过公开招聘等严格规范的程序择优聘用,纳入编制管理。落实“两个允许”要求,实施以增加知识价值为导向的分配政策,强化公益属性,健全考核机制,指导各地深化公立医院薪酬制度改革。指导符合条件的三级医院试点开展高级职称自主评审。(中央编办、财政部、人力资源社会保障部、国家卫生健康委、国家医保局、国家中医药局等按职责分工负责)

(十一)加强综合监管。进一步推进医疗卫生行业综合监管制度建设,严格落实行业主管部门监管职责和相关部门职责范围内的监管责任,推动地方政府全面落实属地监管责任,实现事前事中事后全链条监管,堵塞监管漏洞。督促指导地方规范医疗机构收费和服务,把合理用药、规范诊疗情况作为医疗机构信息公开的重要内容,定期向社会公布。制定医疗保障基金智能监控知识库、规则库管理办法,推动各地医保部门加强智能监控应用。严厉打击欺诈骗取医保基金行为。加强医药领域价格监管。制定药品经营和使用质量监督管理办法、药品网络销售监督管理办法。推进药品使用监测信息网络建设和药品编码应用,2022 年力争覆盖所有二级及以上公立医疗机构和 80%的政府办社区卫生服务中心、乡镇卫生院。扎实推进全国统一医保信息业务编码动态维护和深化应用。(国家卫生健康委、市场监管总局、国家医保局、国家中医药局、国家疾控局、国家药监局等按职责分工负责)

三、着力增强公共卫生服务能力

(十二)提升疾病预防控制能力。健全疾病预防控制网络、管理体系和运行机制,完善防治结合、联防联控、群防群控机制,加强公共卫生队伍建设,提高重大疫情监测预警、流调溯源和应急处置能力。平稳有序做好疾病预防控制机构改革相关工作。推进村(居)民委员会公共卫生委员会建设。(国家卫生健康委、国家疾控局、中央编办、民政部和各相关部门按职责分工负责)

(十三)加强医防协同。推进实施癌症、脑卒中、心血管病、慢阻肺等重大慢性病高危筛查干预项目。推进高血压、高血糖、高血脂"三高"共管试点,完善慢性病健康管理适宜技术和服务模式,推进基层慢性病医防融合管理。推进公立医疗机构设立公共卫生科等直接从事疾病预防控制工作的科室,探索设立医疗卫生机构专兼职疾病预防控制监督员。依托综合医院、职业病专科医院,加强尘肺病、化学中毒等职业病诊断救治康复能力建设。(国家卫生健康委、国家中医药局、国家疾控局等按职责分工负责)

(十四)做好新冠肺炎疫情防控。坚持"外防输入、内防反弹"总策略和"动态清零"总方针,坚持常态化科学精准防控和局部应急处置有机结合,落实"四方责任"和"四早"要求,加强疫情源头控制,突出口岸地区疫情防控,严格落实高风险人员闭环管理,科学精准处置局部疫情,持续做好新冠病毒疫苗接种工作,不断优化完善防控措施,坚决守住不出现疫情规模性反弹的底线,统筹疫情防控和经济社会发展,努力用最小的代价实现最大的防控效果。继续帮扶因疫情遇困的医疗机构。(国家卫生健康委、国家疾控局和各相关部门按职责分工负责)

(十五)深入实施健康中国行动。扎实推进健康中国行动,进一步完善工作机制,确保完成到2022年的阶段性目标任务。持续深入开展爱国卫生运动。推进医疗机构和医务人员开展健康教育和健康促进的绩效考核机制建设。(国家卫生健康委、教育部、体育总局、国家中医药局、国家疾控局和各相关部门按职责分工负责)

四、推进医药卫生高质量发展

(十六)推动公立医院综合改革和高质量发展。综合医改试点省份率先探索各级各类公立医院高质量发展的模式和路径。地方按照属地原则对辖区内公立医院高质量发展进行评价。积极发挥高水平公立医院高质量发展示范引领作用。推进建立健全现代医院管理制度试点。加强公立医院、妇幼保健机构绩效考核。深化医疗卫生领域军民融合。(国家卫生健康委、财政部、国家中医药局、中央军委后勤保障部卫生局等按职责分工负责)

(十七)发挥政府投入激励作用。坚持公益性,落实政府在卫生健康领域的投入责任,指导地方按规定落实政府对符合区域卫生规划公立医院的投入政策。继续支持公立医院综合改革,实施公立医院改革与高质量发展示范项目,激励引导一批有改革积极性的地市推广三明医改经验。遴选 10 个深化医改真抓实干成效明显的地市并给予奖励。(财政部、国家卫生健康委等按职责分工负责)

(十八)促进多层次医疗保障体系发展。推动基本医保省级统筹。完善跨省异地就医直接结算办法,进一步扩大门诊费用跨省直接结算,每个县至少有一家定点医疗机构能够提供包括门诊费用在内的医疗费用跨省直接结算服务。指导各地推进职工医保普通门诊统筹,对在基层医疗卫生机构就医实行差别化支付政策,逐步将多发病、常见病的普通门诊费用纳入统筹基金支付范围。实现全国医保用药范围基本统一。深化长期护理保险制度试点,及时总结推广经验。支持商业保险机构开发与基本医疗保险相衔接的商业健康保险产品,更好覆盖基本医保不予支付的费用,探索推进医保信息平台按规定与商业健康保险信息平台信息共享。(国家医保局、财政部、国家卫生健康委、税务总局、银保监会、国家中医药局等按职责分工负责)

(十九)强化药品供应保障能力。持续深化审评审批制度改革,加快有临床价值的创新药上市。持续推进仿制药质量和疗效一致性评价工作。优化国家基本药物目录,完善目录管理机制。完善公立医疗机构优先配备使用基本药物政策,鼓励城市医疗集团、县域医共体等建立药品联动管理机制,促进上下级医疗机构用药衔接。健全药品协同监测机制,强化药品短缺分级应对。加强小品种药(短缺药)集中生产基地建设。加强罕见病用药保障。健全药品临床综合评价工作机制和标准规范,将评价结果作为医疗机构用药目录遴选、上下级用药衔接等的重要依据。分类推进医疗器械唯一标识实施工作,深化唯一标识在监管、医疗、医保等领域的衔接应用。探索完善药品流通新业态新模式。(工业和信息化部、商务部、国家卫生健康委、国家医保局、国家药监局等按职责分工负责)

(二十)推动中医药振兴发展。推进中医药综合改革。开展医疗、医保、医药联动促进中医药传承创新发展试点。选择部分地区开展医保支持中医药发展试点,推动中医特色优势病种按病种付费。推进中西医协同"旗舰"医院建设和重大疑难疾病中西医临床协作试点项目。加强基层医疗卫生机构中医药服务能力建设,力争实现全部社区卫生服务中心和乡镇卫生院设置中医馆、配备中医医师。(国家中医药局、国家发展改革委、财政部、国家卫生健康委、国家医保局等按职责分工负责)

(二十一)协同推进相关领域改革。实施社区医养结合能力提升行动。开展医养结合示范项目。推进临床研究规范管理试点,扩大试点范围。年内通过农村订单定向免费医学生培养等多种途径培养培训全科医生 3.5 万人,培训住院医师(含专业硕士研究生)10 万人,专业硕士研究生招生向全科、儿科、精神科等紧缺专业倾斜。落实住院医师规范化培训两个同等对待相关政策。支持职业院校增设"一老一小"等健康服务产业相关专业。深入推进"互联网+医疗健康""五个一"服务行动,推进全国医疗卫生机构信息互通共享。推进远程医疗服务覆盖全国 95%的区县,并逐步向基层延伸。(教育部、公安部、民政部、人力资源社会保障部、国家卫生健康委、国家医保局、国家中医药局、国家疾控局等按职责分工负责)

各地各有关部门要切实加强组织领导,持续深化医改。综合医改试点省份要进一步发挥示范带动作用。国务院医改领导小组秘书处和各地医改领导小组牵头协调机构要会同有关部门加强统筹协调和督导评价，开展医改监测，建立任务台账，强化定期调度和通报。加强宣传引导，及时回应社会关切，凝聚改革共识。

国务院办公厅关于进一步做好高校毕业生等青年就业创业工作的通知

（2022年5月5日　国办发〔2022〕13号）

高校毕业生等青年就业关系民生福祉、经济发展和国家未来。为贯彻落实党中央、国务院决策部署，做好当前和今后一段时期高校毕业生等青年就业创业工作，经国务院同意，现就有关事项通知如下。

一、多渠道开发就业岗位

（一）扩大企业就业规模。坚持在推动高质量发展中强化就业优先导向，加快建设现代化经济体系，推进制造业转型升级，壮大战略性新兴产业，大力发展现代服务业，提供更多适合高校毕业生的就业岗位。支持中小微企业更多吸纳高校毕业生就业，按规定给予社会保险补贴、创业担保贷款及贴息、税费减免等扶持政策，对吸纳高校毕业生就业达到一定数量且符合相关条件的中小微企业，在安排纾困资金、提供技术改造贷款贴息时予以倾斜；对招用毕业年度高校毕业生并签订1年以上劳动合同的中小微企业，给予一次性吸纳就业补贴，政策实施期限截至2022年12月31日；建立中小微企业专业技术人员职称评定绿色通道和申报兜底机制，健全职业技能等级（岗位）设置，完善职业技能等级认定机制，落实科研项目经费申请、科研成果等申报与国有企事业单位同类人员同等待遇。设置好“红灯”、“绿灯”，促进平台经济健康发展，带动更多就业。稳定扩大国有企业招聘规模，指导企业规范发布招聘信息，推进公开招聘。（国家发展改革委、科技部、工业和信息化部、财政部、人力资源社会保障部、商务部、人民银行、国务院国资委、税务总局、市场监管总局等按职责分工负责）

（二）拓宽基层就业空间。结合实施区域协调发展、乡村振兴等战略，适应基层治理能力现代化建设需要，统筹用好各方资源，挖掘基层就业社保、医疗卫生、养老服务、社会工作、司法辅助等就业机会。社区专职工作岗位出现空缺要优先招用或拿出一定数量专门招用高校毕业生。继续实施"三支一扶"计划、农村特岗教师计划、大学生志愿服务西部计划等基层服务项目，合理确定招募规模。对到中西部地区、艰苦边远地区、老工业基地县以下基层单位就业的高校毕业生，按规定给予学费补偿和国家助学贷款代偿、高定工资等政策，对其中招聘为事业单位正式工作人员的，可按规定提前转正定级。（中央组织部、最高人民法院、最高人民检察院、教育部、民政部、财政部、人力资源社会保障部、农业农村部、国家卫生健康委、共青团中央等按职责分工负责）

（三）支持自主创业和灵活就业。落实大众创业、万众创新相关政策，深化高校创新创业教育改革，健全教育体系和培养机制，汇集优质创新创业培训资源，对高校毕业生开展针对性培训，按规定给予职业培训补贴。支持高校毕业生自主创业，按规定给予一次性创业补贴、创业担保贷款及贴息、税费减免等政策，政府投资开发的创业载体要安排30%左右的场地免费向高校毕业生创业者提供。支持高校毕业生发挥专业所长从事灵活就业，对毕业年度和离校2年内未就业高校毕业生实现灵活就业的，按规定给予社会保险补贴。（国家发展改革委、教育部、科技部、财政部、人力资源社会保障部、人民银行、税务总局、市场监管总局等按职责分工负责）

（四）稳定公共部门岗位规模。今明两年要继续稳定机关事业单位招录（聘）高校毕业生的规模。深化落实基层法官检察官助理规范便捷招录机制，畅通政法专业高校毕业生进入基层司法机关就业渠道。支持承担国家科技计划（专项、基金等）的高校、科研院所和企业扩大科研助理岗位规模。充分考虑新冠肺炎疫情影响和高校毕业生就业需要，合理安排公共部门招录（聘）和相关职业资格考试时间。受疫情影响严重地区，在 2022 年 12 月 31 日前可实施中小学、幼儿园、中等职业学校教师资格“先上岗、再考证”阶段性措施。（中央组织部、最高人民法院、最高人民检察院、教育部、科技部、人力资源社会保障部等按职责分工负责）

二、强化不断线就业服务

（五）精准开展困难帮扶。要把有劳动能力和就业意愿的脱贫家庭、低保家庭、零就业家庭高校毕业生，以及残疾高校毕业生和长期失业高校毕业生作为就业援助的重点对象，提供“一人一档”、“一人一策”精准服务，为每人至少提供 3—5 个针对性岗位信息，优先组织参加职业培训和就业见习，及时兑现一次性求职创业补贴，千方百计促进其就业创业。对通过市场渠道确实难以就业的困难高校毕业生，可通过公益性岗位兜底安置。实施“中央专项彩票公益金宏志助航计划”，面向困难高校毕业生开展就业能力培训。实施共青团促进大学生就业行动，面向低收入家庭高校毕业生开展就业结对帮扶。及时将符合条件的高校毕业生纳入临时救助等社会救助范围。实施国家助学贷款延期还款、减免利息等支持举措，延期期间不计复利、不收罚息、不作为逾期记录报送。（教育部、民政部、财政部、人力资源社会保障部、人民银行、共青团中央、中国残联、开发银行等按职责分工负责）

（六）优化招聘服务。推进公共就业服务进校园，逐步实现公共就业招聘平台和高校校园网招聘信息共享。建立高校毕业生就业岗位归集机制，广泛收集机关事业单位、各类企业、重大项目等高校毕业生就业岗位需求计划，集中向社会发布并动态更新。构建权威公信的高校毕业生就业服务平台，密集组织线上线下专项招聘服务，扩大国家 24365 大学生就业服务平台、百日千万网络招聘、"千校万岗"、中小企业网上百日招聘等招聘平台和活动影响力。积极组织服务机构、用人单位进校园招聘。(教育部、工业和信息化部、人力资源社会保障部、国务院国资委、共青团中央、全国工商联等按职责分工负责)

(七)加强就业指导。健全高校学生生涯规划与就业指导体系,开展就业育人主题教育活动,引导高校毕业生树立正确的职业观、就业观和择业观。注重理论与实践相结合,开展多种形式的模拟实训、职业体验等实践教学,组织高校毕业生走进人力资源市场,参加职业能力测评,接受现场指导。高校要按一定比例配齐配强就业指导教师,就业指导教师可参加相关职称评审。打造一批大学生就业指导名师、优秀职业指导师、优秀就业指导课程和教材。举办全国大学生职业规划大赛,增强大学生生涯规划意识,指导其及早做好就业准备。(教育部、人力资源社会保障部、共青团中央等按职责分工负责)

(八)落实实名服务。深入实施离校未就业高校毕业生就业创业促进计划,强化教育、人力资源社会保障部门离校前后信息衔接,持续跟进落实实名服务。运用线上失业登记、求职登记小程序、基层摸排等各类渠道,与有就业意愿的离校未就业高校毕业生普遍联系,为每人免费提供 1 次职业指导、3 次岗位推荐、1 次职业培训或就业见习机会。(人力资源社会保障部牵头,教育部等按职责分工负责)

(九)维护就业权益。开展平等就业相关法律法规和政策宣传,坚决防止和纠正性别、年龄、学历等就业歧视,依法打击"黑职介"、虚假招聘、售卖简历等违法犯罪活动,坚决治理付费实习、滥用试用期、拖欠试用期工资等违规行为。督促用人单位与高校毕业生签订劳动(聘用)合同或就业协议书,明确双方的权利义务、违约责任及处理方式,维护高校毕业生合法就业权益。对存在就业歧视、欺诈等问题的用人单位,及时向高校毕业生发布警示提醒。(教育部、公安部、人力资源社会保障部、市场监管总局、全国妇联

等按职责分工负责)

三、简化优化求职就业手续

(十)稳妥有序推动取消就业报到证。从2023年起,不再发放《全国普通高等学校本专科毕业生就业报到证》和《全国毕业研究生就业报到证》(以下统称就业报到证),取消就业报到证补办、改派手续,不再将就业报到证作为办理高校毕业生招聘录用、落户、档案接收转递等手续的必需材料。(中央组织部、教育部、公安部、人力资源社会保障部等按职责分工负责)

(十一)提供求职就业便利。取消高校毕业生离校前公共就业人才服务机构在就业协议书上签章环节,取消高校毕业生离校后到公共就业人才服务机构办理报到手续。应届高校毕业生可凭普通高等教育学历证书、与用人单位签订的劳动(聘用)合同或就业协议书,在就业地办理落户手续(超大城市按现有规定执行);可凭普通高等教育学历证书,在原户籍地办理落户手续。教育部门要健全高校毕业生网上签约系统,方便用人单位与高校毕业生网上签约,鼓励受疫情影响地区用人单位与高校毕业生实行网上签约。对延迟离校的应届高校毕业生,相应延长报到入职、档案转递、落户办理时限。(教育部、公安部、人力资源社会保障部等按职责分工负责)

(十二)积极稳妥转递档案。高校要及时将毕业生登记表、成绩单等重要材料归入学生档案,按照有关规定有序转递。到机关、国有企事业单位就业或定向招生就业的,转递至就业单位或定向单位;到非公单位就业的,转递至就业地或户籍地公共就业人才服务机构;暂未就业的,转递至户籍地公共就业人才服务机构。档案涉密的应通过机要通信或派专人转递。公共就业人才服务机构要主动加强与高校的沟通衔接,动态更新机构服务信息,积极推进档案政策宣传服务进校园,及时接收符合转递规定的学生档案。档案管理部门要及时向社会公布服务机构名录和联系方式。(中央组织部、教育部、人力资源社会保障部、国家邮政局等按职责分工

负责)

(十三)完善毕业去向登记。从2023年起,教育部门建立高校毕业生毕业去向登记制度,作为高校为毕业生办理离校手续的必要环节。高校要指导毕业生(含结业生)及时完成毕业去向登记,核实信息后及时报省级教育部门备案。实行定向招生就业办法的高校毕业生,省级教育部门和高校要指导其严格按照定向协议就业并登记去向信息。高校毕业生到户籍和档案接收管理部门办理相关手续时,教育部门应根据有关部门需要和毕业生本人授权,提供毕业生离校时相应去向登记信息查询核验服务。(教育部、人力资源社会保障部等按职责分工负责)

(十四)推进体检结果互认。指导用人单位根据工作岗位实际,合理确定入职体检项目,不得违法违规开展乙肝、孕检等检测。对外科、内科、胸透X线片等基本健康体检项目,高校毕业生近6个月内已在合规医疗机构进行体检的,用人单位应当认可其结果,原则上不得要求其重复体检,法律法规另有规定的从其规定。用人单位或高校毕业生对体检结果有疑问的,经协商可提出复检、补检要求。高校可不再组织毕业体检。(教育部、人力资源社会保障部、国家卫生健康委等按职责分工负责)

四、着力加强青年就业帮扶

(十五)健全青年就业服务机制。强化户籍地、常住地就业失业管理服务责任,允许到本地就业创业的往届高校毕业生、留学回国毕业生及失业青年进行求职登记、失业登记,提供均等化基本公共就业服务,按规定落实就业创业扶持政策。实施青年就业启航计划,对有就业意愿的失业青年,开展职业素质测评,制定求职就业计划,提供针对性岗位信息,组织志愿服务、创业实践等活动。对长期失业青年,开展实践引导、分类指导、跟踪帮扶,提供就业援助,引导他们自强自立、及早就业创业。(人力资源社会保障部、共青团中央等按职责分工负责)

(十六)提升职业技能水平。适应产业转型升级和市场需求,高质量推动产训结合和职业技能培训资源共建共享，扩大青年职业技能培训规模，拓展学徒培训、技能研修、新职业培训等多种模式，举办各类职业技能竞赛活动。鼓励高校毕业生等青年在获得学历证书的同时获得相关职业资格证书或职业技能等级证书，对需要学历学位证书作为报考条件的，允许先参加考试评定，通过考试评定的，待取得相关学历学位证书后再发放职业资格证书或职业技能等级证书。（国家发展改革委、教育部、财政部、人力资源社会保障部等按职责分工负责）

（十七）扩大就业见习规模。实施百万就业见习岗位募集计划，支持企事业单位、社会组织、政府投资项目、科研项目等设立见习岗位，按规定给予就业见习补贴。鼓励有条件的地方或用人单位为见习人员购买商业医疗保险，提高见习保障水平。离校未就业高校毕业生到基层实习见习基地参加见习或者到企事业单位参加项目研究的，视同基层工作经历，自报到之日起算。实施大学生实习"扬帆计划"，广泛开展各级政务实习、企业实习和职业体验活动。（人力资源社会保障部牵头，中央组织部、教育部、科技部、工业和信息化部、民政部、财政部、商务部、国务院国资委、共青团中央、全国工商联等按职责分工负责）

五、压紧压实工作责任

（十八）加强组织领导。各地区各部门各高校要以习近平新时代中国特色社会主义思想为指导，认真贯彻落实党中央、国务院决策部署，把高校毕业生等青年就业作为就业工作重中之重，作为政府绩效考核和高校绩效考核内容，将帮扶困难高校毕业生就业作为重点，明确目标任务，细化具体举措，强化督促检查。各有关部门要立足职责，密切配合，同向发力，积极拓宽就业渠道，加快政策落实。（各有关部门和单位、各省级人民政府按职责分工负责）

（十九）强化工作保障。要根据本地区高校毕业生等青年就业形势和实际需要，统筹安排资金，加强人员保障，确保工作任务和政策服务落实。健全公共就业服务体系，实施提升就业服务质量工程，增强对高校毕业生等青年就业指导服务的针对性有效性。运用政府购买服务机制，支持经营性人力资源服务机构、社会组织等市场力量参与就业服务、职业指导、职业培训等工作。（各有关部门和单位、各省级人民政府按职责分工负责）

（二十）做好宣传引导。开展就业政策服务专项宣传，及时提供通俗易懂的政策解读。开展“最美基层高校毕业生”、“基层就业出征仪式”等典型宣传活动，引导高校毕业生等青年将职业选择融入国家发展，在奋斗中实现人生价值。做好舆论引导，及时回应社会关切，稳定就业预期。（各有关部门和单位、各省级人民政府按职责分工负责）

国务院办公厅关于推动外贸保稳提质的意见

（2022 年 5 月 17 日　国办发〔2022〕18 号）

为深入贯彻落实党中央、国务院决策部署，帮扶外贸企业应对困难挑战，实现进出口保稳提质任务目标，助力稳经济稳产业链供应链，经国务院同意，现提出以下意见：

一、加强外贸企业生产经营保障。各地方建立重点外贸企业服务保障制度，主动服务，及时掌握和解决外贸企业的困难问题。涉疫地区（中高风险地区所在县级行政区域）所在省份，在做好疫情防控的同时，确定重点外贸企业名录和相关物流企业、人员名录，对生产、物流、用工予以保障，尽快帮助受疫情影响的外贸企业复工达产，保障外贸供应链稳定。（各地方人民政府，商务部、工业和信息化部、人力资源社会保障部、交通运输部、国家卫生健康委按职责分工负责）

二、促进外贸货物运输保通保畅。各地方严格落实全国保障物流畅通促进产业链供应链稳定电视电话会议精神及《国务院应对新型冠状病毒感染肺炎疫情联防联控机制关于切实做好货运物流保通保畅工作的通知》(国办发明电〔2022〕3号)要求,将外贸货物纳入重要物资范围,全力保障货运物流运输畅通,有运输需求的外贸企业,可按有关规定申领重点物资运输车辆通行证。有力有序疏通海空港等集疏运,提高作业和通关效率。各地要积极优化作业流程,进一步压缩国际班轮等泊时间,不得层层加码,出台影响国际集装箱班轮靠港作业效率的措施。加强航空口岸机场海关及作业人员保障,用好航空货运运力,保障重要零部件、装备和产品运输。加强与国际货运班列沿线国家沟通协调,同步提高铁路口岸通关及作业效率。进一步提升深港陆路运输效率和通行能力。(各地方人民政府,交通运输部、国家发展改革委、公安部、商务部、国家卫生健康委、海关总署、国家铁路局、中国民航局、中国国家铁路集团有限公司按职责分工负责)

三、增强海运物流服务稳外贸功能。各地方、商协会组织中小微外贸企业加大与国际班轮公司对接力度,进一步推动扩大班轮公司直客对接的业务规模。加紧研究推进在上海期货交易所、大连商品交易所上市海运运价、运力期货。依法依规加强对国际海运领域的市场监管,对国际海运市场相关主体涉嫌不正当竞争、价格违法、垄断等行为开展调查处理。各地方协调帮助物流、货代等企业及时赴港口提离冷藏货物、危险货物等集装箱,提升主要港口的货物中转效率。(各地方人民政府,交通运输部、国家发展改革委、商务部、国务院国资委、市场监管总局、证监会按职责分工负责)

四、推动跨境电商加快发展提质增效。针对跨境电商出口海外仓监管模式,加大政策宣传力度,对实现销售的货物,指导企业用足用好现行出口退税政策,及时申报办理退税。尽快出台便利跨境电商出口退换货的政策,适时开展试点。针对跨境电商行业特点,加强政策指导,支持符合条件的跨境电商相关企业申报高新技术企业。(商务部、科技部、财政部、海关总署、税务总局按职责分工负责)

五、加大出口信用保险支持。扩大出口信用保险短期险规模。鼓励中国出口信用保险公司在依法合规、风险可控前提下，支持外贸企业进一步开拓多元化市场。出口信用保险机构持续做好外贸企业承保理赔工作。（财政部、商务部、银保监会、国家发展改革委、中国出口信用保险公司按职责分工负责）

六、加大进出口信贷支持。支持银行机构对于发展前景良好但暂时受困的外贸企业，不盲目惜贷、抽贷、断贷、压贷，根据风险管控要求和企业经营实际，满足企业合理资金需求。（银保监会、人民银行、商务部、国家发展改革委、进出口银行按职责分工负责）

七、进一步加强对中小微外贸企业金融支持。各地方加强"政银企"对接，梳理一批急需资金的中小微外贸企业名单，开展"清单式"管理，按照市场化原则，予以重点支持。加大出口信用保险对中小微外贸企业的支持力度，在去年基础上进一步扩大对中小微外贸企业的承保覆盖面。优化中小微外贸企业承保和理赔条件，缩短理赔时间。鼓励银行机构按照市场化原则加大对外贸企业特别是中小微外贸企业的信贷支持力度。鼓励银行和保险机构深化出口信用保险保单融资合作，强化对中小微外贸企业的融资增信支持，增加信保保单融资规模。（各地方人民政府，财政部、商务部、人民银行、银保监会、进出口银行、中国出口信用保险公司按职责分工负责）

八、加快提升外贸企业应对汇率风险能力。保持人民币汇率在合理均衡水平上的基本稳定。各地方面向外贸企业，提供更多汇率避险方面的培训、咨询等公共服务。鼓励银行机构创新优化外汇产品，提升基层银行机构服务能力，积极增加汇率避险首办户，优化网上银行、线上平台汇率避险模块，提高业务办理便利性，通过内部考核激励等方式加强对中小微外贸企业的汇率避险服务。（各地方人民政府，商务部、人民银行、银保监会、国家外汇局按职责分工负责）

九、持续优化跨境贸易人民币结算环境。支持各地方人民银行分支机构、商务主管部门加强协作，加大对跨境人民币结算的宣传培训力度。有序开展更高水平贸易投资人民币结算便利化试点。鼓励银行机构加强产品服务创新，为外贸企业提供涵盖人民币贸易融资、结算在内的综合性金融服务。支持银行机构在依法合规前提下，通过单证电子化审核等方式简化结算流程，提高跨境人民币结算效率。（各地方人民政府，人民银行、商务部、银保监会、中国出口信用保险公司按职责分工负责）

十、促进企业用好线上渠道扩大贸易成交。加快中国进出口商品交易会（广交会）等展会数字化、智能化建设，加强与跨境电商平台等联动互促，积极应用虚拟现实（VR）、增强现实（AR）、大数据等技术，优化云上展厅、虚拟展台等展览新模式，智能对接供采，便利企业成交。各地方、重点行业协会优化创新线上办展模式，聚焦重点国别、优势产业、特色区域打造国别展、专业展、特色展，帮助企业用好线上渠道获取更多订单。各地方积极利用外经贸发展专项资金等相关资金，支持中小微企业以“境内线上对口谈、境外线下商品展”等方式参加境外展会。商协会、贸促机构、驻外机构、海外中资企业协会积极帮助组展企业和参展企业对接海外买家。（各地方人民政府，商务部、外交部、财政部、农业农村部、中国贸促会按职责分工负责）

十一、鼓励创新、绿色、高附加值产品开拓国际市场。各地方工业和信息化、商务、中医药等部门，支持医药企业在国际人用药品注册技术协调会（ICH）、药品检查合作计划（PIC/S）成员所在国家或地区和世界卫生组织等，注册认证中西药制剂和生物制品。（各地方人民政府，商务部、工业和信息化部、财政部、国家药监局、国家中医药局按职责分工负责）各地方进一步营造良好政策环境，用好外经贸发展专项资金等相关资金，并积极引导社会投资，支持企业开展高质量、高技术、高附加值的绿色低碳贸易。（各地方人民政府，商务部、财政部按职责分工负责）鼓励有条件的中资银行境外机构在依法合规、风险可控的前提下，积极提供境外消费金融产品,支持国外消费者购买中国品牌汽车。支持更多地区开展二手车出口业务,扩大二手车出口规模,提升二手车出口质量。(商务部、公安部、银保监会按职责分工负责)

十二、加强进口促进平台培育建设。巩固提升进口贸易促进创新示范区促进进口、服务产业、提升消费、示范引领等方面作用,培育新一批进口贸易促进创新示范区,扩大优质产品进口。(商务部、国家发展改革委、财政部、人民银行、海关总署、市场监管总局、国家外汇局、国家药监局、进出口银行按职责分工负责)

十三、支持加工贸易稳定发展。深化区域交流合作,支持劳动密集型外贸产业在国内梯度转移、稳定发展,保障就业岗位,助力乡村振兴和区域协调发展。研究将中西部和东北地区的劳动密集型加工贸易相关产业纳入国家鼓励的产业目录,持续引导加工贸易梯度转移。支持企业在综合保税区内开展“两头在外”保税维修,逐步将大型医疗设备、智能机器人等高附加值、低污染物排放产品纳入维修产品目录。探索在综合保税区内开展汽车发动机、变速箱等产品保税再制造试点。(各地方人民政府,商务部、国家发展改革委、工业和信息化部、财政部、生态环境部、海关总署、税务总局按职责分工负责)

各地方、各相关部门要以习近平新时代中国特色社会主义思想为指导,坚决贯彻党中央、国务院决策部署,高度重视做好稳外贸工作,在支持企业保订单方面加大工作力度,全力实现进出口保稳提质任务目标。各地方要结合实际,出台针对性配套措施,认真组织实施,推动各项政策措施在本地区落地见效。商务部要会同各相关部门加强政策指导,密切跟踪分析形势变化,多措并举稳定外贸。各相关部门要按职责分工,密切协作配合,抓好贯彻落实,确保各项政策措施落实到位。

国务院办公厅关于进一步盘活存量资产扩大有效投资的意见

（2022年5月19日　国办发〔2022〕19号）

经过多年投资建设，我国在基础设施等领域形成了一大批存量资产，为推动经济社会发展提供了重要支撑。有效盘活存量资产，形成存量资产和新增投资的良性循环，对于提升基础设施运营管理水平、拓宽社会投资渠道、合理扩大有效投资以及降低政府债务风险、降低企业负债水平等具有重要意义。为深入贯彻习近平新时代中国特色社会主义思想，完整、准确、全面贯彻新发展理念，加快构建新发展格局，推动高质量发展，经国务院同意，现就进一步盘活存量资产、扩大有效投资提出以下意见。

一、聚焦盘活存量资产重点方向

（一）重点领域。一是重点盘活存量规模较大、当前收益较好或增长潜力较大的基础设施项目资产，包括交通、水利、清洁能源、保障性租赁住房、水电气热等市政设施、生态环保、产业园区、仓储物流、旅游、新型基础设施等。二是统筹盘活存量和改扩建有机结合的项目资产，包括综合交通枢纽改造、工业企业退城进园等。三是有序盘活长期闲置但具有较大开发利用价值的项目资产，包括老旧厂房、文化体育场馆和闲置土地等，以及国有企业开办的酒店、餐饮、疗养院等非主业资产。

（二）重点区域。一是推动建设任务重、投资需求强、存量规模大、资产质量好的地区，积极盘活存量资产，筹集建设资金，支持新项目建设，牢牢守住风险底线。二是推动地方政府债务率较高、财政收支平衡压力较大的地区，加快盘活存量资产，稳妥化解地方政府债务风险，提升财政可持续能力，合理支持新项目建设。三是围绕落实京津冀协同发展、长江经济带发展、粤港澳大湾区建设、长三角一体化发展、黄河流域生态保护和高质量发展等区域重大战略以及推动海南自由贸易港建设等,鼓励相关地区率先加大存量资产盘活力度,充分发挥示范带动作用。

(三)重点企业。盘活存量资产对参与的各类市场主体一视同仁。引导支持基础设施存量资产多、建设任务重、负债率较高的国有企业,把盘活存量资产作为国有资产保值增值以及防范债务风险、筹集建设资金、优化资产结构的重要手段,选择适合的存量资产,采取多种方式予以盘活。鼓励民营企业根据实际情况,参与盘活国有存量资产,积极盘活自身存量资产,将回收资金用于再投资,降低企业经营风险,促进持续健康发展。

二、优化完善存量资产盘活方式

(四)推动基础设施领域不动产投资信托基金(REITs)健康发展。进一步提高推荐、审核效率,鼓励更多符合条件的基础设施REITs项目发行上市。对于在维护产业链供应链稳定、强化民生保障等方面具有重要作用的项目,在满足发行要求、符合市场预期、确保风险可控等前提下,可进一步灵活合理确定运营年限、收益集中度等要求。建立健全扩募机制,探索建立多层次基础设施REITs市场。国有企业发行基础设施REITs涉及国有产权非公开协议转让的,按规定报同级国有资产监督管理机构批准。研究推进REITs相关立法工作。

(五)规范有序推进政府和社会资本合作(PPP)。鼓励具备长期稳定经营性收益的存量项目采用PPP模式盘活存量资产,提升运营效率和服务水平。社会资本方通过创新运营模式、引入先进技术、提升运营效率等方式,有效盘活存量资产并减少政府补助额度的,地方人民政府可采取适当方式通过现有资金渠道予以奖励。

(六)积极推进产权规范交易。充分发挥产权交易所的价值发现和投资者发现功能,创新交易产品和交易方式,加强全流程精细化服务,协助开展咨询顾问、尽职调查、方案优化、信息披露、技术支撑、融资服务等，为存量资产的合理流动和优化配置开辟绿色通道，推动存量资产盘活交易更加规范、高效、便捷。采取多种方式加大宣传引导力度，吸引更多买方参与交易竞价。

（七）发挥国有资本投资、运营公司功能作用。鼓励国有企业依托国有资本投资、运营公司，按规定通过进场交易、协议转让、无偿划转、资产置换、联合整合等方式，盘活长期闲置的存量资产，整合非主业资产。通过发行债券等方式，为符合条件的国有资本投资、运营公司盘活存量资产提供中长期资金支持。

（八）探索促进盘活存量和改扩建有机结合。吸引社会资本参与盘活城市老旧资产资源特别是老旧小区改造等，通过精准定位、提升品质、完善用途等进一步丰富存量资产功能、提升资产效益。因地制宜积极探索污水处理厂下沉、地铁上盖物业、交通枢纽地上地下空间综合开发、保障性租赁住房小区经营性公共服务空间开发等模式，有效盘活既有铁路场站及周边可开发土地等资产，提升项目收益水平。在各级国土空间规划、相关专项规划中充分考虑老港区搬迁或功能改造提升，支持优化港口客运场站规划用途，实施综合开发利用。

（九）挖掘闲置低效资产价值。推动闲置低效资产改造与转型，依法依规合理调整规划用途和开发强度，开发用于创新研发、卫生健康、养老托育、体育健身、休闲旅游、社区服务或作为保障性租赁住房等新功能。支持金融资产管理公司、金融资产投资公司以及国有资本投资、运营公司通过不良资产收购处置、实质性重组、市场化债转股等方式盘活闲置低效资产。

（十）支持兼并重组等其他盘活方式。积极探索通过资产证券化等市场化方式盘活存量资产。在符合反垄断等法律法规前提下，鼓励行业龙头企业通过兼并重组、产权转让等方式加强存量资产优化整合，提升资产质量和规模效益。通过混合所有制改革、引入战略投资方和专业运营管理机构等，提升存量资产项目的运营管理能力。

三、加大盘活存量资产政策支持

（十一）积极落实项目盘活条件。针对存量资产项目具体情况，分类落实各项盘活条件。对产权不明晰的项目，依法依规理顺产权关系，完成产权界定，加快办理相关产权登记。对项目前期工作手续不齐全的项目，按照有关规定补办相关手续，加快履行竣工验收、收费标准核定等程序。对项目盘活过程中遇到的难点问题，探索制定合理解决方案并积极推动落实。

（十二）有效提高项目收益水平。完善公共服务和公共产品价格动态调整机制，依法依规按程序合理调整污水处理收费标准，推动县级以上地方人民政府建立完善生活垃圾处理收费制度。建立健全与投融资体制相适应的水利工程水价形成机制，促进水资源节约利用和水利工程良性运行。对整体收益水平较低的存量资产项目，完善市场化运营机制，提高项目收益水平，支持开展资产重组，为盘活存量资产创造条件。研究通过资产合理组合等方式，将准公益性、经营性项目打包，提升资产吸引力。

（十三）完善规划和用地用海政策。依法依规指导拟盘活的存量项目完善规划、用地用海、产权登记、土地分宗等手续，积极协助妥善解决土地和海域使用相关问题，涉及手续办理或开具证明的积极予以支持。坚持先规划后建设，对盘活存量资产过程中确需调整相关规划或土地、海域用途的，应充分开展规划实施评估，依法依规履行相关程序，确保土地、海域使用符合相关法律法规和国土空间用途管制要求。

（十四）落实财税金融政策。落实落细支持基础设施 REITs 有关税收政策。对符合存量资产盘活条件、纳税金额较大的重点项目，各级税务机关做好服务和宣传工作，指导企业依法依规纳税，在现行税收政策框架下助力盘活存量资产。支持银行、信托、保险、金融资产管理、股权投资基金等机构，充分发挥各自优势，按照市场化原则积极参与盘活存量资产。鼓励符合条件的金融资产管理公司、金融资产投资公司通过发行债券融资，解决负债久期与资产久期错配等问题。加强投融资合作对接,积极向有关金融机构推介盘活存量资产项目。

四、用好回收资金增加有效投资

(十五)引导做好回收资金使用。加强对盘活存量资产回收资金的管理,除按规定用于本项目职工安置、税费缴纳、债务偿还等支出外,应确保主要用于项目建设,形成优质资产。鼓励以资本金注入方式将回收资金用于具有收益的项目建设,充分发挥回收资金对扩大投资的撬动作用。对地方政府债务率较高、财政收支平衡压力较大的地区,盘活存量公共资产回收的资金可适当用于"三保"支出及债务还本付息。回收资金使用应符合预算管理、国有资产监督管理等有关政策要求。

(十六)精准有效支持新项目建设。盘活存量资产回收资金拟投入新项目建设的,优先支持综合交通和物流枢纽、大型清洁能源基地、环境基础设施、"一老一小"等重点领域项目,重点支持"十四五"规划102项重大工程,优先投入在建项目或符合相关规划和生态环保要求、前期工作成熟的项目。有关部门应加快相关项目审批核准备案、规划选址、用地用海、环境影响评价、施工许可等前期工作手续办理,促进项目尽快落地实施、形成实物工作量。

(十七)加强配套资金支持。在安排中央预算内投资等资金时,对盘活存量资产回收资金投入的新项目,可在同等条件下给予优先支持;发挥中央预算内投资相关专项示范引导作用,鼓励社会资本通过多种方式参与盘活国有存量资产。对回收资金投入的新项目,地方政府专项债券可按规定予以支持。鼓励银行等金融机构按照市场化原则提供配套融资支持。

五、严格落实各类风险防控举措

(十八)依法依规稳妥有序推进存量资产盘活。严格落实防范化解地方政府隐性债务风险的要求,严禁在盘活存量资产过程中新增地方政府隐性债务。坚持市场化法治化原则,严格落实国有资产监督管理规定,做好财务审计、资产评估、决策审批等工作,除相关政策规定的情形外，应主要通过公共资源交易平台、证券交易所、产权交易所等公开透明渠道合理确定交易价格，严防国有资产流失。充分保障债权人的合法权益，避免在存量资产转让过程中出现债权悬空。多措并举做好职工安置，为盘活存量资产创造良好条件和氛围。所有拟发行基础设施 REITs 的项目均应符合国家重大战略、发展规划、产业政策、投资管理法规等相关要求，保障项目质量，防范市场风险。

（十九）提升专业机构合规履职能力。严格落实相关中介机构自律规则、执业标准和业务规范，推动中介机构等履职尽责，依法依规为盘活存量资产提供尽职调查、项目评估、财务和法律咨询等专业服务。积极培育为盘活存量资产服务的专业机构，提高专业化服务水平。对违反相关法律法规的中介机构依法追责。

（二十）保障基础设施稳健运营。对公共属性较强的基础设施项目，在盘活存量资产时应处理好项目公益性与经营性的关系，确保投资方在接手后引入或组建具备较强能力和丰富经验的基础设施运营管理机构，保持基础设施稳健运营，切实保障公共利益，防范化解潜在风险。推动基础设施 REITs 基金管理人与运营管理机构健全运营机制，更好发挥原始权益人在项目运营管理中的专业作用，保障基金存续期间项目持续稳定运营。

六、建立工作台账强化组织保障

（二十一）实行台账式管理。全面梳理各地区基础设施等领域存量资产情况，筛选出具备一定盘活条件的项目，建立盘活存量资产台账，实行动态管理。针对纳入台账项目的类型和基本情况，逐一明确盘活方案，落实责任单位和责任人。地方各级人民政府要加强指导协调，定期开展项目调度，梳理掌握项目进展情况、及时解决存在问题，调动民间投资参与积极性。

（二十二）建立健全协调机制。由国家发展改革委牵头，会同财政部、自然资源部、住房城乡建设部、人民银行、国务院国资委、税务总局、银保监会、证监会等部门，加强盘活存量资产工作信息沟通和政策衔接,建立完善工作机制,明确任务分工,做好指导督促,协调解决共性问题,形成工作合力,重大事项及时向党中央、国务院报告。各地区建立相关协调机制,切实抓好盘活存量资产、回收资金用于新项目建设等工作。

(二十三)加强督促激励引导。对盘活存量资产、扩大有效投资工作成效突出的地区或单位,以适当方式积极给予激励;对资产长期闲置、盘活工作不力的,采取约谈、问责等方式,加大督促力度。适时将盘活存量资产、扩大有效投资有关工作开展情况作为国务院大督查的重点督查内容。研究将鼓励盘活存量资产纳入国有企业考核评价体系。对地方政府债务率较高的地区,重点督促其通过盘活存量资产降低债务率、提高再投资能力。当年盘活国有存量资产相关情况,纳入地方各级政府年度国有资产报告。

(二十四)积极开展试点探索。根据实际工作需要,在全国范围内选择不少于 30 个有吸引力、代表性强的重点项目,并确定一批可以为盘活存量资产、扩大有效投资提供有力支撑的相关机构,开展试点示范,形成可复制、可推广的经验做法。引导各地区积极学习借鉴先进经验,因地制宜研究制定盘活存量资产的有力有效措施,防止"一哄而上"。

国务院关于印发扎实稳住经济一揽子政策措施的通知

(2022 年 5 月 24 日　国发〔2022〕12 号)

今年以来,在以习近平同志为核心的党中央坚强领导下,各地区各部门有力统筹疫情防控和经济社会发展,按照中央经济工作会议和《政府工作报告》部署,扎实做好"六稳"工作,全面落实"六保"任务,我国经济运行总体实现平稳开局。与此同时,新冠肺炎疫情和乌克兰危机导致风险挑战增多，我国经济发展环境的复杂性、严峻性、不确定性上升，稳增长、稳就业、稳物价面临新的挑战。

疫情要防住、经济要稳住、发展要安全，这是党中央的明确要求。要坚持以习近平新时代中国特色社会主义思想为指导，完整、准确、全面贯彻新发展理念，加快构建新发展格局，推动高质量发展，高效统筹疫情防控和经济社会发展，最大程度保护人民生命安全和身体健康，最大限度减少疫情对经济社会发展的影响，统筹发展和安全，努力实现全年经济社会发展预期目标。为深入贯彻落实党中央、国务院决策部署，现将《扎实稳住经济的一揽子政策措施》印发给你们，请认真贯彻执行。

各省、自治区、直辖市人民政府要加强组织领导，结合本地区实际，下更大力气抓好中央经济工作会议精神和《政府工作报告》部署的贯彻落实，同时靠前发力、适当加力，推动《扎实稳住经济的一揽子政策措施》尽快落地见效，确保及时落实到位，尽早对稳住经济和助企纾困等产生更大政策效应。各部门要密切协调配合、形成工作合力，按照《扎实稳住经济的一揽子政策措施》提出的六个方面 33 项具体政策措施及分工安排，对本部门本领域本行业的工作进行再部署再推动再落实，需要出台配套实施细则的，应于 5 月底前全部完成。近期，国务院办公厅将会同有关方面对相关省份稳增长稳市场主体保就业情况开展专项督查。

各地区各部门要进一步提高政治站位，在工作中增强责任感使命感紧迫感，担当作为、求真务实，齐心协力、顽强拼搏，切实担负起稳定宏观经济的责任，以钉钉子精神抓好党中央、国务院各项决策部署的贯彻落实，切实把二季度经济稳住，努力使下半年发展有好的基础，保持经济运行在合理区间，以实际行动迎接党的二十大胜利召开。

（本文有删减）

扎实稳住经济的一揽子政策措施

（六个方面33项措施）

一、财政政策（7项）

1. 进一步加大增值税留抵退税政策力度。在已出台的制造业、科学研究和技术服务业、电力热力燃气及水生产和供应业、软件和信息技术服务业、生态保护和环境治理业、民航交通运输仓储和邮政业等6个行业企业的存量留抵税额全额退还、增量留抵税额按月全额退还基础上，研究将批发和零售业，农、林、牧、渔业，住宿和餐饮业，居民服务、修理和其他服务业，教育，卫生和社会工作，文化、体育和娱乐业等7个行业企业纳入按月全额退还增量留抵税额、一次性全额退还存量留抵税额政策范围，预计新增留抵退税1420亿元。抓紧办理小微企业、个体工商户留抵退税并加大帮扶力度，在纳税人自愿申请的基础上，6月30日前基本完成集中退还存量留抵税额；今年出台的各项留抵退税政策新增退税总额达到约1.64万亿元。加强退税风险防范，依法严惩偷税、骗税等行为。

2. 加快财政支出进度。督促指导地方加快预算执行进度，尽快分解下达资金，及时做好资金拨付工作。尽快下达转移支付预算，加快本级支出进度；加大盘活存量资金力度，对结余资金和连续两年未用完的结转资金按规定收回统筹使用，对不足两年的结转资金中不需按原用途使用的资金收回统筹用于经济社会发展急需支持的领域；结合留抵退税、项目建设等需要做好资金调度、加强库款保障，确保有关工作顺利推进。

3. 加快地方政府专项债券发行使用并扩大支持范围。抓紧完成今年专项债券发行使用任务，加快今年已下达的3.45万亿元专项债券发行使用进度，在6月底前基本发行完毕，力争在8月底前基本使用完毕。在依法合规、风险可控的前提下，财政部会同人民银行、银保监会引导商业银行对符合条件的专项债券项目建设主体提供配套融资支持，做好信贷资金和专项债资金的有效衔接。在前期确定的交通基础设施、能源、保障性安居工程等 9 大领域基础上，适当扩大专项债券支持领域，优先考虑将新型基础设施、新能源项目等纳入支持范围。

4. 用好政府性融资担保等政策。今年新增国家融资担保基金再担保合作业务规模 1 万亿元以上。对符合条件的交通运输、餐饮、住宿、旅游行业中小微企业、个体工商户，鼓励政府性融资担保机构提供融资担保支持，政府性融资担保机构及时履行代偿义务，推动金融机构尽快放贷，不盲目抽贷、压贷、断贷，并将上述符合条件的融资担保业务纳入国家融资担保基金再担保合作范围。深入落实中央财政小微企业融资担保降费奖补政策，计划安排 30 亿元资金，支持融资担保机构进一步扩大小微企业融资担保业务规模，降低融资担保费率。推动有条件的地方对支小支农担保业务保费给予阶段性补贴。

5. 加大政府采购支持中小企业力度。将面向小微企业的价格扣除比例由 6%—10%提高至 10%—20%。政府采购工程要落实促进中小企业发展的政府采购政策，根据项目特点、专业类型和专业领域合理划分采购包，积极扩大联合体投标和大企业分包，降低中小企业参与门槛，坚持公开公正、公平竞争，按照统一质量标准，将预留面向中小企业采购的份额由 30%以上今年阶段性提高至 40%以上，非预留项目要给予小微企业评审优惠，增加中小企业合同规模。

6. 扩大实施社保费缓缴政策。在确保各项社会保险待遇按时足额支付的前提下，对符合条件地区受疫情影响生产经营出现暂时困难的所有中小微企业、以单位方式参保的个体工商户，阶段性缓缴三项社会保险单位缴费部分，缓缴期限阶段性实施到今年底。在对餐饮、零售、旅游、民航、公路水路铁路运输等 5 个特困行业实施阶段性缓缴三项社保费政策的基础上，对受到疫情严重冲击、行业内大面积出现企业生产经营困难、符合国家产业政策导向的其他特困行业，扩大实施缓缴政策，养老保险费缓缴期限阶段性延长到今年底。

7. 加大稳岗支持力度。优化失业保险稳岗返还政策，进一步提高返还比例，将大型企业稳岗返还比例由30%提至50%。拓宽失业保险留工补助受益范围，由中小微企业扩大至受疫情严重影响暂时无法正常生产经营的所有参保企业。企业招用毕业年度高校毕业生，签订劳动合同并参加失业保险的，可按每人不超过1500元的标准，发放一次性扩岗补助，具体补助标准由各省份确定，与一次性吸纳就业补贴不重复享受，政策执行期限至今年底。

二、货币金融政策（5项）

8. 鼓励对中小微企业和个体工商户、货车司机贷款及受疫情影响的个人住房与消费贷款等实施延期还本付息。商业银行等金融机构继续按市场化原则与中小微企业（含中小微企业主）和个体工商户、货车司机等自主协商，对其贷款实施延期还本付息，努力做到应延尽延，本轮延期还本付息日期原则上不超过2022年底。中央汽车企业所属金融子企业要发挥引领示范作用，对2022年6月30日前发放的商用货车消费贷款给予6个月延期还本付息支持。对因感染新冠肺炎住院治疗或隔离、受疫情影响隔离观察或失去收入来源的人群，金融机构对其存续的个人住房、消费等贷款，灵活采取合理延后还款时间、延长贷款期限、延期还本等方式调整还款计划。对延期贷款坚持实质性风险判断，不单独因疫情因素下调贷款风险分类，不影响征信记录，并免收罚息。

9. 加大普惠小微贷款支持力度。继续新增支农支小再贷款额度。将普惠小微贷款支持工具的资金支持比例由1%提高至2%，即由人民银行按相关地方法人银行普惠小微贷款余额增量（包括通过延期还本付息形成的普惠小微贷款）的2%提供资金支持，更好引导和支持地方法人银行发放普惠小微贷款。指导金融机构和大型企业支持中小微企业应收账款质押等融资，抓紧修订制度将商业汇票承兑期限由 1 年缩短至 6 个月，并加大再贴现支持力度，以供应链融资和银企合作支持大中小企业融通发展。

10. 继续推动实际贷款利率稳中有降。在用好前期降准资金、扩大信贷投放的基础上，充分发挥市场利率定价自律机制作用，持续释放贷款市场报价利率（LPR）形成机制改革效能，发挥存款利率市场化调整机制作用，引导金融机构将存款利率下降效果传导至贷款端，继续推动实际贷款利率稳中有降。

11. 提高资本市场融资效率。科学合理把握首次公开发行股票并上市（IPO）和再融资常态化。支持内地企业在香港上市，依法依规推进符合条件的平台企业赴境外上市。继续支持和鼓励金融机构发行金融债券，建立"三农"、小微企业、绿色、双创金融债券绿色通道，为重点领域企业提供融资支持。督促指导银行间债券市场和交易所债券市场各基础设施全面梳理收费项目，对民营企业债券融资交易费用能免尽免，进一步释放支持民营企业的信号。

12. 加大金融机构对基础设施建设和重大项目的支持力度。政策性开发性银行要优化贷款结构，投放更多更长期限贷款；引导商业银行进一步增加贷款投放、延长贷款期限；鼓励保险公司等发挥长期资金优势，加大对水利、水运、公路、物流等基础设施建设和重大项目的支持力度。

三、稳投资促消费等政策（6 项）

13. 加快推进一批论证成熟的水利工程项目。2022 年再开工一批已纳入规划、条件成熟的项目，包括南水北调后续工程等重大引调水、骨干防洪减灾、病险水库除险加固、灌区建设和改造等工程。进一步完善工程项目清单，加强组织实施、协调推动并优化工作流程，切实提高水资源保障和防灾减灾能力。

14. 加快推动交通基础设施投资。对沿江沿海沿边及港口航道等综合立体交通网工程，加强资源要素保障，优化审批程序，抓紧推动上马实施，确保应开尽开、能开尽开。支持中国国家铁路集团有限公司发行3000亿元铁路建设债券。启动新一轮农村公路建设和改造,在完成今年目标任务的基础上,进一步加强金融等政策支持,再新增完成新改建农村公路3万公里、实施农村公路安全生命防护工程3万公里、改造农村公路危桥3000座。

15. 因地制宜继续推进城市地下综合管廊建设。指导各地在城市老旧管网改造等工作中协同推进管廊建设,在城市新区根据功能需求积极发展干、支线管廊,合理布局管廊系统,统筹各类管线敷设。加快明确入廊收费政策,多措并举解决投融资受阻问题,推动实施一批具备条件的地下综合管廊项目。

16. 稳定和扩大民间投资。启动编制国家重大基础设施发展规划,扎实开展基础设施高质量发展试点,有力有序推进"十四五"规划102项重大工程实施,鼓励和吸引更多社会资本参与国家重大工程项目。在供应链产业链招投标项目中对大中小企业联合体给予倾斜,鼓励民营企业充分发挥自身优势参与攻关。2022年新增支持500家左右专精特新"小巨人"企业。鼓励民间投资以城市基础设施等为重点,通过综合开发模式参与重点领域项目建设。

17. 促进平台经济规范健康发展。出台支持平台经济规范健康发展的具体措施,在防止资本无序扩张的前提下设立"红绿灯",维护市场竞争秩序,以公平竞争促进平台经济规范健康发展。充分发挥平台经济的稳就业作用,稳定平台企业及其共生中小微企业的发展预期,以平台企业发展带动中小微企业纾困。引导平台企业在疫情防控中做好防疫物资和重要民生商品保供"最后一公里"的线上线下联动。鼓励平台企业加快人工智能、云计算、区块链、操作系统、处理器等领域技术研发突破。

18. 稳定增加汽车、家电等大宗消费。各地区不得新增汽车限购措施,已实施限购的地区逐步增加汽车增量指标数量、放宽购车人员资格限制,鼓励实施城区、郊区指标差异化政策。加快出台推动汽车由购买管理向使用管理转变的政策文件。全面取消二手车限迁政策,在全国范围取消对符合国五排放标准小型非营运二手车的迁入限制,完善二手车市场主体登记注册、备案和车辆交易登记管理规定。支持汽车整车进口口岸地区开展平行进口业务,完善平行进口汽车环保信息公开制度。对皮卡车进城实施精细化管理,研究进一步放宽皮卡车进城限制。研究今年内对一定排量以下乘用车减征车辆购置税的支持政策。优化新能源汽车充电桩(站)投资建设运营模式,逐步实现所有小区和经营性停车场充电设施全覆盖,加快推进高速公路服务区、客运枢纽等区域充电桩(站)建设。鼓励家电生产企业开展回收目标责任制行动,引导金融机构提升金融服务能力,更好满足消费升级需求。

四、保粮食能源安全政策(5 项)

19. *健全完善粮食收益保障等政策*。针对当前农资价格依然高企情况,在前期已发放 200 亿元农资补贴的基础上,及时发放第二批 100 亿元农资补贴,弥补成本上涨带来的种粮收益下降。积极做好钾肥进口工作。完善最低收购价执行预案,落实好 2022 年适当提高稻谷、小麦最低收购价水平的政策要求,根据市场形势及时启动收购,保护农民种粮积极性。优化种粮补贴政策,健全种粮农民补贴政策框架。

20. *在确保安全清洁高效利用的前提下有序释放煤炭优质产能*。建立健全煤炭产量激励约束政策机制。依法依规加快保供煤矿手续办理,在确保安全生产和生态安全的前提下支持符合条件的露天和井工煤矿项目释放产能。尽快调整核增产能政策,支持具备安全生产条件的煤矿提高生产能力,加快煤矿优质产能释放,保障迎峰度夏电力电煤供应安全。

21. *抓紧推动实施一批能源项目*。推动能源领域基本具备条件今年可开工的重大项目尽快实施。积极稳妥推进金沙江龙盘等水电项目前期研究论证和设计优化工作。加快推动以沙漠、戈壁、荒漠地区为重点的大型风电光伏基地建设,近期抓紧启动第二批项目,统筹安排大型风光电基地建设项目用地用林用草用水,按程序核准和开工建设基地项目、煤电项目和特高压输电通道。重点布局一批对电力系统安全保障作用强、对新能源规模化发展促进作用大、经济指标相对优越的抽水蓄能电站，加快条件成熟项目开工建设。加快推进张北至胜利、川渝主网架交流工程，以及陇东至山东、金上至湖北直流工程等跨省区电网项目规划和前期工作。

22. 提高煤炭储备能力和水平。用好支持煤炭清洁高效利用专项再贷款和合格银行贷款。压实地方储备责任。

23. 加强原油等能源资源储备能力。谋划储备项目并尽早开工。推进政府储备项目建设，已建成项目尽快具备储备能力。

五、保产业链供应链稳定政策（7 项）

24. 降低市场主体用水用电用网等成本。全面落实对受疫情影响暂时出现生产经营困难的小微企业和个体工商户用水、用电、用气“欠费不停供”政策，设立 6 个月的费用缓缴期，并可根据当地实际进一步延长，缓缴期间免收欠费滞纳金。指导地方对中小微企业、个体工商户水电气等费用予以补贴。清理规范城镇供水供电供气供暖等行业收费，取消不合理收费，规范政府定价和经营者价格收费行为，对保留的收费项目实行清单制管理。2022 年中小微企业宽带和专线平均资费再降 10%。在招投标领域全面推行保函（保险）替代现金缴纳投标、履约、工程质量等保证金，鼓励招标人对中小微企业投标人免除投标担保。

25. 推动阶段性减免市场主体房屋租金。2022 年对服务业小微企业和个体工商户承租国有房屋减免 3—6 个月租金；出租人减免租金的可按规定减免当年房产税、城镇土地使用税，并引导国有银行对减免租金的出租人视需要给予优惠利率质押贷款等支持。非国有房屋减免租金的可同等享受上述政策优惠。鼓励和引导各地区结合自身实际，拿出更多务实管用举措推动减免市场主体房屋租金。

26. 加大对民航等受疫情影响较大行业企业的纾困支持力度。在用好支持煤炭清洁高效利用、交通物流、科技创新、普惠养老等专项再贷款的同时，增加民航应急贷款额度 1500 亿元，并适当扩大支持范围，支持困难航空企业渡过难关。支持航空业发行 2000 亿元债券。统筹考虑民航基础设施建设需求等因素，研究解决资金短缺等问题；同时，研究提出向有关航空企业注资的具体方案。有序增加国际客运航班数量，为便利中外人员往来和对外经贸交流合作创造条件。鼓励银行向文化旅游、餐饮住宿等其他受疫情影响较大行业企业发放贷款。

27. 优化企业复工达产政策。疫情中高风险地区要建立完善运行保障企业、防疫物资生产企业、连续生产运行企业、产业链供应链重点企业、重点外贸外资企业、“专精特新”中小企业等重点企业复工达产“白名单”制度，及时总结推广“点对点”运输、不见面交接、绿色通道等经验做法，细化实化服务“白名单”企业措施，推动部省联动和区域互认，协同推动产业链供应链企业复工达产。积极引导各地区落实属地责任，在发生疫情时鼓励具备条件的企业进行闭环生产，保障其稳定生产，原则上不要求停产；企业所在地政府要做好疫情防控指导，加强企业员工返岗、物流保障、上下游衔接等方面服务，尽量减少疫情对企业正常生产经营的影响。

28. 完善交通物流保通保畅政策。全面取消对来自疫情低风险地区货运车辆的防疫通行限制，着力打通制造业物流瓶颈，加快产成品库存周转进度；不得擅自阻断或关闭高速公路、普通公路、航道船闸，严禁硬隔离县乡村公路，不得擅自关停高速公路服务区、港口码头、铁路车站和民用运输机场。严禁限制疫情低风险地区人员正常流动。对来自或进出疫情中高风险地区所在地市的货运车辆，落实“即采即走即追”制度。客货运司机、快递员、船员到异地免费检测点进行核酸检测和抗原检测，当地政府视同本地居民纳入检测范围、享受同等政策，所需费用由地方财政予以保障。

29. 统筹加大对物流枢纽和物流企业的支持力度。加快宁波舟山大宗商品储运基地建设，开展大宗商品储运基地整体布局规划研究。2022 年，中央财政安排 50 亿元左右，择优支持全国性重点枢纽城市，提升枢纽的货物集散、仓储、中转运输、应急保障能力,引导加快推进多式联运融合发展,降低综合货运成本。2022年,中央财政在服务业发展资金中安排约25亿元支持加快农产品供应链体系建设,安排约38亿元支持实施县域商业建设行动。加快1000亿元交通物流专项再贷款政策落地,支持交通物流等企业融资,加大结构性货币政策工具对稳定供应链的支持。在农产品主产区和特色农产品优势区支持建设一批田头小型冷藏保鲜设施,推动建设一批产销冷链集配中心。

30. *加快推进重大外资项目积极吸引外商投资*。在已纳入工作专班、开辟绿色通道推进的重大外资项目基础上,充分发挥重大外资项目牵引带动作用,尽快论证启动投资数额大、带动作用强、产业链上下游覆盖面广的重大外资项目。加快修订《鼓励外商投资产业目录》,引导外资更多投向先进制造、科技创新等领域以及中西部和东北地区,支持外商投资设立高新技术研发中心等。进一步拓宽企业跨境融资渠道,支持符合条件的高新技术和“专精特新”企业开展外债便利化额度试点。建立完善与在华外国商协会、外资企业常态化交流机制,积极解决外资企业在华营商便利等问题,进一步稳住和扩大外商投资。

六、保基本民生政策(3项)

31. *实施住房公积金阶段性支持政策*。受疫情影响的企业,可按规定申请缓缴住房公积金,到期后进行补缴。在此期间,缴存职工正常提取和申请住房公积金贷款,不受缓缴影响。受疫情影响的缴存人,不能正常偿还住房公积金贷款的,不作逾期处理,不纳入征信记录。各地区可根据本地实际情况,提高住房公积金租房提取额度,更好满足实际需要。

32. *完善农业转移人口和农村劳动力就业创业支持政策*。加强对吸纳农业转移人口较多区域、行业的财政和金融支持,中央财政农业转移人口市民化奖励资金安排400亿元,推动健全常住地提供基本公共服务制度,将符合条件的新市民纳入创业担保贷款扶持范围。依据国土空间规划和上一年度进城落户人口数量,合理安排各类城镇年度新增建设用地规模。拓宽农村劳动力就地就近就业渠道。重大工程建设、以工代赈项目优先吸纳农村劳动力。

33. 完善社会民生兜底保障措施。指导各地落实好社会救助和保障标准与物价上涨挂钩联动机制,及时足额发放补贴,保障低收入群体基本生活。用好中央财政下拨的1547亿元救助补助资金,压实地方政府责任,通过财政资金直达机制,及时足额发放到需要帮扶救助的群众手中。做好受灾人员生活救助,精准做好需要救助保障的困难群体帮扶工作,对临时生活困难群众给予有针对性帮扶。针对当前部分地区因局部聚集性疫情加强管控,同步推进疫情防控和保障群众基本生活,做好米面油、蔬菜、肉蛋奶等生活物资保供稳价工作。统筹发展和安全,抓好安全生产责任落实,深入开展安全大检查,严防交通、建筑、煤矿、燃气等方面安全事故,开展自建房安全专项整治,切实保障人民群众生命财产安全。

国务院部门规章

公路水运工程监理企业资质管理规定

（2022 年 4 月 3 日交通运输部令 2022 年第 12 号公布
自 2022 年 6 月 1 日起施行　国司备字[2022006336]）

第一章　总　　则

第一条　为加强公路、水运工程监理企业的资质管理，规范公路、水运建设市场秩序，保证公路、水运工程建设质量，根据《建设工程质量管理条例》，制定本规定。

第二条　公路、水运工程监理企业资质的取得及监督管理，适用本规定。

第三条　从事公路、水运工程监理活动，应当按照本规定取得相应的公路工程监理企业资质、水运工程监理企业资质，并在业务范围内开展监理业务。

第四条　交通运输部负责全国公路、水运工程监理企业资质监督管理工作。

县级以上地方人民政府交通运输主管部门根据职责负责本行政区域内公路、水运工程监理企业资质监督管理工作。

第二章　资质等级分类、业务范围和申请条件

第五条　公路、水运工程监理企业资质均分为甲级、乙级和机电专项。

第六条 公路工程监理企业资质的业务范围分为：

（一）甲级资质可在全国范围内从事一、二、三类公路工程的监理业务；

（二）乙级资质可在全国范围内从事二、三类公路工程的监理业务；

（三）机电专项资质可在全国范围内从事各类型公路机电工程的监理业务。

水运工程监理企业资质的业务范围分为：

（一）甲级资质可在全国范围内从事大、中、小型水运工程的监理业务；

（二）乙级资质可在全国范围内从事中、小型水运工程的监理业务；

（三）机电专项资质可在全国范围内从事各类型水运机电工程的监理业务。

公路、水运工程监理业务的分类标准见附件1。

第七条 申请公路、水运工程监理企业资质的单位，应当是经依法登记注册的企业法人，并具备第八条至第十三条规定的相应资质条件。

申请人作为工程质量安全事故当事人的，应当经有关主管部门认定无责任，或者虽受相关行政处罚但已履行完毕。

第八条 申请公路工程甲级监理企业资质的单位，应当具备下列条件：

（一）人员同时满足下列要求：

1. 企业负责人中不少于1人具备10年及以上公路工程建设经历，具备监理工程师资格；技术负责人中不少于1人具备15年及以上公路工程建设经历，具备一类公路工程监理业绩的总监理工程师经历，具备公路或者相关专业高级技术职称和监理工程师资格。上述人员与企业签订的劳动合同期限均不少于3年。

2. 企业拥有中级及以上技术职称专业技术人员不少于50人，

其中持监理工程师资格证书的人员不少于30人,工程系列高级技术职称人员不少于10人,经济师、会计师或者造价工程师不少于3人。上述各类人员中,与企业签订3年及以上劳动合同的人数均不低于70%。

(二)业绩满足下列要求之一:

1. 企业具备不少于5项二类公路工程监理业绩,其中桥梁、隧道工程监理业绩不超过2项。持监理工程师资格证书的人员中,不少于10人具备2项一类公路工程监理业绩,不少于3人具备一类公路工程监理业绩的总监理工程师或者驻地监理工程师经历,上述人员与企业签订的劳动合同期限均不少于3年。

2. 企业具备1项一类和不少于2项二类公路工程监理业绩。

3. 企业具备不少于2项一类公路工程监理业绩。

(三)拥有与业务范围相适应的试验检测仪器设备(见附件2)。

(四)企业信誉良好。有两期及以上公路建设市场全国综合信用评价结果的,最近两期评价等级均不低于B级且其中一期不低于A级;只有一期评价结果的,评价等级不低于B级且申请前一年内未发现存在严重不良行为;无评价结果的,申请前一年内未发现存在严重不良行为。

第九条 申请公路工程乙级监理企业资质的单位,应当具备下列条件:

(一)人员同时满足下列要求:

1. 企业负责人中不少于1人具备5年及以上公路工程建设经历,具备监理工程师资格;技术负责人中不少于1人具备8年及以上公路工程建设经历,具备公路工程监理业绩的总监理工程师经历,具备监理工程师资格。上述人员与企业签订的劳动合同期限均不少于3年。

2. 企业拥有中级及以上技术职称专业技术人员不少于20人,其中持监理工程师资格证书的人员不少于10人,工程系列高级技术职称人员不少于 3 人,经济师、会计师或者造价工程师不少于 1 人。上述各类人员中,与企业签订 3 年及以上劳动合同的人数均不低于 70%。

(二)业绩满足下列要求之一:

1. 持监理工程师资格证书的人员中,不少于 4 人具备 2 项公路工程监理业绩,且与企业签订的劳动合同期限不少于 3 年。

2. 企业具备不少于 1 项二类公路工程监理业绩或者不少于 2 项三类公路工程监理业绩。

(三)拥有与业务范围相适应的试验检测仪器设备(见附件 2)。

(四)企业信誉良好。有两期及以上公路建设市场全国综合信用评价结果的,最近两期评价等级均不低于 B 级;只有一期评价结果的,评价等级不低于 B 级且申请前一年内未发现存在严重不良行为;无评价结果的,申请前一年内或者企业成立至申请前未发现存在严重不良行为。

第十条 申请公路工程机电专项监理企业资质的单位,应当具备下列条件:

(一)人员同时满足下列要求:

1. 企业负责人中不少于 1 人具备 10 年及以上公路机电工程建设经历,具备监理工程师资格;技术负责人中不少于 1 人具备 15 年及以上公路机电工程建设经历,具备公路机电工程监理业绩的总监理工程师经历,具备机电专业高级技术职称和监理工程师资格。上述人员与企业签订的劳动合同期限均不少于 3 年。

2. 企业拥有中级及以上技术职称专业技术人员不少于 30 人,其中持监理工程师资格证书的人员不少于 12 人,工程系列高级技术职称人员不少于 10 人,经济师、会计师或者造价工程师不少于 2 人。上述各类人员中,与企业签订 3 年及以上劳动合同的人数均不低于 70%。

（二）业绩满足下列要求之一：

1. 持监理工程师资格证书的人员中，不少于 6 人具备公路机电工程监理业绩，不少于 3 人具备公路机电工程监理业绩的总监理工程师或者驻地监理工程师经历，上述人员与企业签订的劳动合同期限均不少于 3 年。

2. 企业具备不少于 2 项公路机电工程监理业绩。

（三）拥有与业务范围相适应的试验检测仪器设备（见附件 2）。

（四）企业信誉良好。有两期及以上公路建设市场全国综合信用评价结果的，最近两期评价等级均不低于 B 级；只有一期评价结果的，评价等级不低于 B 级且申请前一年内未发现存在严重不良行为；无评价结果的，申请前一年内或者企业成立至申请前未发现存在严重不良行为。

第十一条　申请水运工程甲级监理企业资质的单位，应当具备下列条件：

（一）人员同时满足下列要求：

1. 企业负责人中不少于 1 人具备 10 年及以上水运工程建设经历，具备监理工程师资格；技术负责人中不少于 1 人具备 15 年及以上水运工程建设经历，具备大型水运工程监理业绩的总监理工程师经历，具备水运或者相关专业高级技术职称和监理工程师资格。上述人员与企业签订的劳动合同期限均不少于 3 年。

2. 企业拥有中级及以上技术职称专业技术人员不少于 40 人，其中持监理工程师资格证书的人员不少于 25 人，工程系列高级技术职称人员不少于 10 人，经济师、会计师或者造价工程师不少于 2 人。上述各类人员中，与企业签订 3 年及以上劳动合同的人数均不低于 70%。

（二）业绩满足下列要求之一：

1. 企业具备不少于 5 项中型水运工程监理业绩。持监理工程师资格证书的人员中，不少于 9 人具备大型水运工程监理业绩，不少于 3 人具备大型水运工程监理业绩的总监理工程师或者总监理工程师代表经历,上述人员与企业签订的劳动合同期限均不少于 3 年。

2. 企业具备 1 项大型和不少于 2 项中型水运工程监理业绩。

3. 企业具备不少于 2 项大型水运工程监理业绩。

(三)拥有与业务范围相适应的试验检测仪器设备(见附件 2)。

(四)企业信誉良好。有两期及以上水运建设市场全国综合信用评价结果的,最近两期评价等级均不低于 B 级且其中一期不低于 A 级;只有一期评价结果的,评价等级不低于 B 级且申请前一年内未发现存在严重不良行为;无评价结果的,申请前一年内未发现存在严重不良行为。

第十二条 申请水运工程乙级监理企业资质的单位,应当具备下列条件:

(一)人员同时满足下列要求:

1. 企业负责人中不少于 1 人具备 5 年及以上水运工程建设经历,具备监理工程师资格;技术负责人中不少于 1 人具备 8 年及以上水运工程建设经历,具备水运工程监理业绩的总监理工程师经历,具备监理工程师资格。上述人员与企业签订的劳动合同期限均不少于 3 年。

2. 企业拥有中级及以上技术职称专业技术人员不少于 20 人,其中持监理工程师资格证书的人员不少于 10 人,工程系列高级技术职称人员不少于 3 人,经济师、会计师或者造价工程师不少于 1 人。上述各类人员中,与企业签订 3 年及以上劳动合同的人数均不低于 70%。

(二)业绩满足下列要求之一:

1. 持监理工程师资格证书的人员中,不少于 4 人具备水运工程监理业绩,不少于 2 人具备水运工程监理业绩的总监理工程师或者总监理工程师代表经历,不少于 1 人具备中型及以上水运工程监理业绩的总监理工程师或者总监理工程师代表经历。上述人员与企业签订的劳动合同期限均不少于3年。

2. 企业具备不少于1项中型水运工程监理业绩或者不少于2项小型水运工程监理业绩。

(三)拥有与业务范围相适应的试验检测仪器设备(见附件2)。

(四)企业信誉良好。有两期及以上水运建设市场全国综合信用评价结果的,最近两期评价等级均不低于B级;只有一期评价结果的,评价等级不低于B级且申请前一年内未发现存在严重不良行为;无评价结果的,申请前一年内或者企业成立至申请前未发现存在严重不良行为。

第十三条 申请水运工程机电专项监理企业资质的单位,应当具备下列条件:

(一)人员同时满足下列要求:

1. 企业负责人中不少于1人具备10年及以上水运机电工程建设经历,具备监理工程师资格;技术负责人中不少于1人具备15年及以上水运机电工程建设经历,具备水运机电工程监理业绩的总监理工程师经历,具备机电专业高级技术职称和监理工程师资格。上述人员与企业签订的劳动合同期限均不少于3年。

2. 企业拥有中级及以上技术职称专业技术人员不少于25人,其中持监理工程师资格证书的人员不少于12人,工程系列高级技术职称人员不少于10人,经济师、会计师或者造价工程师不少于2人。上述各类人员中,与企业签订3年及以上劳动合同的人数均不低于70%。

(二)业绩满足下列要求之一:

1. 持监理工程师资格证书的人员中,不少于6人具备水运机电工程监理业绩,不少于3人具备水运机电工程监理业绩的总监理工程师或者总监理工程师代表经历,上述人员与企业签订的劳动合同期限均不少于3年。

2. 企业具备不少于2项水运机电工程监理业绩。

（三）拥有与业务范围相适应的试验检测仪器设备（见附件2）。

（四）企业信誉良好。有两期及以上水运建设市场全国综合信用评价结果的，最近两期评价等级均不低于B级；只有一期评价结果的，评价等级不低于B级且申请前一年内未发现存在严重不良行为；无评价结果的，申请前一年内或者企业成立至申请前未发现存在严重不良行为。

第三章　申请与许可

第十四条　交通运输部负责公路工程甲级和机电专项监理企业资质的行政许可工作。

申请人注册地的省级人民政府交通运输主管部门负责公路工程乙级监理企业资质，水运工程甲级、乙级和机电专项监理企业资质的行政许可工作。

第十五条　申请人申请公路、水运工程监理企业资质，应当向第十四条规定的许可机关提交下列申请材料或者信息：

（一）公路水运工程监理企业资质申请表；

（二）企业统一社会信用代码；

（三）相关的企业负责人、技术负责人以及专业技术人员名单；

（四）企业、人员从业业绩清单；

（五）试验检测仪器设备清单。

申请人应当通过全国公路、水运相关管理系统在线申请，将前款规定的材料或者信息相应录入系统，并对其提交材料或者信息的真实性负责。

全国公路、水运相关管理系统应当向社会公开，接受社会监督。

第十六条　许可机关应当按照《交通行政许可实施程序规定》

开展许可工作。准予许可的，颁发相应的公路、水运工程监理企业资质纸质证书和电子证书。

电子证书与纸质证书全国通用，具有同等法律效力。

第十七条 许可机关在作出行政许可决定的过程中可以聘请专家对申请材料进行评审，并且将评审结果向社会公示。

专家评审的时间不计算在许可期限内，但应当将专家评审需要的时间告知申请人。专家评审的时间最长不得超过三十日。

第十八条 许可机关应当组建资质评审专家库，做好专家库的维护、使用和监督管理工作。

许可机关聘请的评审专家应当从其建立的资质评审专家库中选定，并符合回避要求。因回避等原因资质评审专家库难以满足需要的，许可机关可以从其他资质评审专家库中确定评审专家。

参与评审的专家应当履行公正评审、保守企业商业秘密的义务。

第十九条 许可机关作出的准予许可决定，应当向社会公开，公众有权查阅。

第二十条 资质证书有效期为五年。

资质证书有效期届满，企业拟继续从事监理业务的，应当在资质证书有效期届满六十日前，向许可机关提出延续申请。

第二十一条 许可机关对提出资质证书延续申请企业的各项条件进行审查，自收到申请之日起二十个工作日内作出是否准予延续的决定。符合资质条件的，许可机关准予资质证书延续五年。

第二十二条 监理企业在领取新的资质证书时，应当将原资质证书交回许可机关。

第二十三条 公路工程乙级监理企业资质、水运工程乙级监理企业资质、水运工程机电专项监理企业资质实行告知承诺制，许可机关制作并公布告知承诺书格式文本，申请人可自主选择是否采用告知承诺制方式办理。

申请人自愿承诺符合资质条件并按要求提交材料的，许可机关应当当场作出许可决定。

申请人不愿承诺或者无法承诺的，按照本章规定的一般程序办理。

第二十四条 许可机关以告知承诺方式作出许可决定的，应当及时组织对申请人履行承诺情况进行检查。

发现申请人违反承诺的，许可机关应当责令限期整改。逾期不整改或者整改后仍不符合承诺的资质条件的，应当依照《中华人民共和国行政许可法》撤销其资质许可。

第四章 监督检查

第二十五条 各级人民政府交通运输主管部门根据职责对监理企业实施监督检查，强化动态核查，原则上采取随机抽取检查对象、检查人员的方式，通过信息化手段加强事中事后监管，监督检查结果及时向社会公布。

交通运输主管部门进行监督检查时，相关单位和个人应当配合。

第二十六条 已取得资质许可的监理企业不再符合相应资质条件的，许可机关应当责令其限期整改，并将整改要求、整改结果等相关情况向社会公布。

第二十七条 有下列情形之一的，监理企业应当及时将纸质证书交回许可机关，许可机关应当一并注销纸质证书和电子证书，并向社会公开：

（一）未按照规定期限申请延续或者延续申请未获批准的；

（二）企业依法终止的；

（三）资质许可依法被撤销、撤回或者资质证书依法被吊销的；

（四）法律、法规规定的应当注销资质许可的其他情形。

第二十八条 监理企业遗失资质证书，应当在公开媒体和许可机关指定的网站上声明作废，并向许可机关申请办理补证手续。

第二十九条 监理企业的名称、住所、法定代表人等一般事项发生变更的，应当在变更事项发生后十日内向许可机关申请签注变更。

监理企业发生合并、分立、重组、改制等情形需要承继原资质证书的，应当在十日内向许可机关申请重大事项变更。许可机关受理申请后，应当对申请人是否符合原资质条件进行核定，符合原资质条件的，可以承继原资质证书，但不得超过注明的有效期；不符合原资质条件的，应当重新提交资质申请。不再承继原资质证书的，应当及时办理注销手续。

第三十条 监理企业违反本规定，由交通运输主管部门依据《建设工程质量管理条例》及有关规定给予相应处罚。申请人在资质申请过程中的违法违规行为，纳入信用管理。

第三十一条 交通运输主管部门工作人员在资质许可和监督管理工作中玩忽职守、滥用职权、徇私舞弊等严重失职的，由所在单位或者其上级机关依照国家有关规定给予行政处分；构成犯罪的，依法追究刑事责任。

第五章 附 则

第三十二条 纸质证书由许可机关按照交通运输部规定的统一格式制作，电子证书的制作、使用和管理按照交通运输部有关规定执行。

第三十三条 本规定自 2022 年 6 月 1 日起施行。2018 年 5 月 17 日以交通运输部令 2018 年第 7 号发布的《公路水运工程监理企业资质管理规定》、2019 年 11 月 28 日以交通运输部令 2019 年第 37 号发布的《关于修改〈公路水运工程监理企业资质管理规定〉的决定》同时废止。

附件 1

一、公路工程监理业务分类标准

	一类	二类	三类
1. 路基路面工程	高速公路	一级公路	除高速公路、一级公路外的其他公路
2. 桥梁工程	特大桥	大桥、中桥	小桥、涵洞
3. 隧道工程	特长隧道、长隧道	中隧道	短隧道

注：1. 本标准使用术语含义与交通运输部《公路工程技术标准》（JTG B01—2014）规定一致。

2. 分类标准中的工程，包含配套的交通安全设施、服务设施和管理养护设施，但不包含公路机电工程的内容。

二、水运工程监理业务分类标准

序号	建设项目			单位	大型	中型	小型
1	港口工程	集装箱码头	沿海	吨级	≥100000	10000~100000	<10000
			内河	吨级	≥1000	<1000	—
		散货码头	沿海	吨级	≥50000	10000~50000	<10000
			内河	吨级	≥1000	500~1000	<500
		件杂货、滚装、客运等多用途码头	沿海	吨级	≥10000	3000~10000	<3000
			内河	吨级	≥1000	500~1000	<500
		原油码头	沿海	吨级	≥50000	10000~50000	<10000
			内河	吨级	≥1000	<1000	—
		化学品、成品油、气等危险品码头		吨级	≥3000	<3000	—
		舾装码头		吨级	≥50000	10000~50000	<10000
		防波堤、导流堤、海上人工岛等水上建筑		最大水深（米）	≥6	<6	—
		护岸、引堤、海墙等建筑防护		最大水深（米）	≥5	3~5	<3

续表

序号	建设项目			单位	大型	中型	小型
		船坞		船舶吨位	≥50000	10000～50000	<10000
		船台、滑道		船体重量（吨）	≥5000	1000～5000	<1000
		港区堆场	沿海	万平方米	≥20	10～20	<10
			内河	万平方米	≥10	5～10	<5
		港口装卸工艺		港口项目规模	大型港口工程中相应装卸工艺	中型港口工程中相应装卸工艺	小型港口工程中相应装卸工艺
2	航道工程	沿海		通航吨级	≥100000	10000～100000	<10000
		内河整治		通航吨级	≥1000	500～1000	<500
		疏浚与吹填		工程量（万方）	≥200	50～200	<50
		渠化枢纽、船闸		通航吨级	≥1000	500～1000	<500
		升船机		通航吨级	≥1000	500～1000	<500
		航标工程		投资（万元）	≥1000	<1000	—
		船舶交通管理系统工程		投资（万元）	≥3000	<3000	—

注：1. 天然河流港口与航道工程中，潮汐河口的河口潮流段和口外海滨段的工程为沿海工程。

2. 分类标准中的工程不包含水运机电工程的内容。

附件2

公路水运工程监理企业资质试验检测仪器设备配备要求

一、公路工程

(一)甲级监理企业资质:

1. 土工试验:烘箱、天平、电子秤、标准筛、摇筛机、液塑限联合测定仪、标准击实仪;

2. 水泥混凝土、砂浆试验:坍落度仪、压力试验机(2000kN、300kN各1台);

3. 沥青试验:针入度仪、延度仪、软化点试验仪、恒温水槽(控温精度0.1℃);

4. 无机结合料稳定材料试验:滴定设备、路面材料强度试验仪、标准养护箱;

5. 混凝土强度检测:回弹仪;

6. 路基路面检测:灌砂仪、路面取芯钻机、连续式平整度仪、贝克曼梁(含百分表);

7. 钢材与连接接头试验:伺服万能试验机、弯曲装置(含弯头)、反向弯曲装置(含弯头);

8. 测量设备:水准仪、全站仪。

(二)乙级监理企业资质:

1. 土工试验:烘箱、天平、电子秤、标准筛、摇筛机、液塑限联合测定仪、标准击实仪;

2. 水泥混凝土、砂浆试验:坍落度仪、压力试验机(2000kN、300kN各1台);

3. 沥青试验:针入度仪、延度仪、软化点试验仪、恒温水槽(控温精度0.1℃);

4. 石灰试验:滴定设备;

5. 混凝土强度检测:回弹仪;

6. 路基路面检测:灌砂仪、路面取芯钻机、连续式平整度仪;

7. 测量设备:经纬仪、水准仪。

(三)机电专项监理企业资质:

1. 光功率计/光源;

2. 光时域反射计;

3. 数字式地阻仪;

4. 钳形电流表;

5. 照度计;

6. 数字万用表;

7. 数显卡尺;

8. RCL 测试仪;

9. 涂镀层测厚仪(磁性、电涡流);

10. 超声波测厚仪。

二、水运工程

(一)甲级监理企业资质:

1. 土工试验:烘箱、天平、电子秤、标准筛、摇筛机、液塑限联合测定仪、标准击实仪;

2. 水泥混凝土、砂浆试验:坍落度仪、压力试验机(2000kN、300kN 各 1 台);

3. 集料试验:压碎指标测定仪;

4. 混凝土强度检测:回弹仪;

5. 钢材与连接接头试验:伺服万能试验机、弯曲装置(含弯头)、反向弯曲装置(含弯头);

6. 测量设备:水准仪、全站仪。

(二)乙级监理企业资质:

1. 土工试验:烘箱、天平、电子秤、标准筛、摇筛机、液塑限联合测定仪、标准击实仪;

2. 水泥混凝土、砂浆试验:坍落度仪、压力试验机(2000kN、

300kN 各 1 台)；

3. 集料试验：压碎指标测定仪；

4. 混凝土强度检测：回弹仪；

5. 测量设备：水准仪、全站仪。

(三)机电专项监理企业资质：

1. 经纬仪、水准仪、测距仪；

2. 拉压力传感器、荷重传感器；

3. 手持数字转速表；

4. 数字万用表、数字钳形电流表；

5. 绝缘电阻测试仪、接地电阻测试仪；

6. 照度计；

7. 超声波测厚仪、超声波探测仪、超声波涂层测厚仪；

8. 红外式温度计；

9. 噪声计、水平仪、风速仪；

10. 焊缝检验尺、厚薄规、螺纹量规、游标卡尺。

中国证券监督管理委员会关于修改《首次公开发行股票并上市管理办法》的决定

(2022 年 4 月 8 日中国证券监督管理委员会令第 196 号公布　自公布之日起施行　国司备字[2022006341])

第九条第一款修改为："发行人自股份有限公司成立后，持续经营时间应当在 3 年以上。"

本决定自 2022 年 4 月 8 日起施行。

《首次公开发行股票并上市管理办法》根据本决定作相应修改，重新公布。

首次公开发行股票并上市管理办法

（2006年5月17日中国证券监督管理委员会第180次主席办公会议审议通过　根据2015年12月30日中国证券监督管理委员会《关于修改〈首次公开发行股票并上市管理办法〉的决定》第一次修正　根据2018年6月6日中国证券监督管理委员会《关于修改〈首次公开发行股票并上市管理办法〉的决定》第二次修正　根据2020年7月10日中国证券监督管理委员会《关于修改〈首次公开发行股票并上市管理办法〉的决定》第三次修正　根据2022年4月8日中国证券监督管理委员会《关于修改〈首次公开发行股票并上市管理办法〉的决定》第四次修正）

第一章　总　　则

第一条　为了规范首次公开发行股票并上市的行为，保护投资者的合法权益和社会公共利益，根据《证券法》《公司法》，制定本办法。

第二条　在中华人民共和国境内首次公开发行股票并上市，适用本办法。

境内公司股票以外币认购和交易的，不适用本办法。

第三条　首次公开发行股票并上市，应当符合《证券法》《公司法》和本办法规定的发行条件。

第四条　发行人依法披露的信息，必须真实、准确、完整，不得有虚假记载、误导性陈述或者重大遗漏。

第五条　保荐人及其保荐代表人应当遵循勤勉尽责、诚实守信的原则，认真履行审慎核查和辅导义务，并对其所出具的发行保荐书的真实性、准确性、完整性负责。

第六条 为证券发行出具有关文件的证券服务机构和人员，应当按照本行业公认的业务标准和道德规范，严格履行法定职责，并对其所出具文件的真实性、准确性和完整性负责。

第七条 中国证券监督管理委员会（以下简称中国证监会）对发行人首次公开发行股票的核准，不表明其对该股票的投资价值或者投资者的收益作出实质性判断或者保证。股票依法发行后，因发行人经营与收益的变化引致的投资风险，由投资者自行负责。

第二章 发行条件

第一节 主体资格

第八条 发行人应当是依法设立且合法存续的股份有限公司。

经国务院批准，有限责任公司在依法变更为股份有限公司时，可以采取募集设立方式公开发行股票。

第九条 发行人自股份有限公司成立后，持续经营时间应当在3年以上。

有限责任公司按原账面净资产值折股整体变更为股份有限公司的，持续经营时间可以从有限责任公司成立之日起计算。

第十条 发行人的注册资本已足额缴纳，发起人或者股东用作出资的资产的财产权转移手续已办理完毕，发行人的主要资产不存在重大权属纠纷。

第十一条 发行人的生产经营符合法律、行政法规和公司章程的规定，符合国家产业政策。

第十二条 发行人最近3年内主营业务和董事、高级管理人员没有发生重大变化，实际控制人没有发生变更。

第十三条 发行人的股权清晰，控股股东和受控股股东、实际控制人支配的股东持有的发行人股份不存在重大权属纠纷。

第二节 规范运行

第十四条 发行人已经依法建立健全股东大会、董事会、监事会、独立董事、董事会秘书制度，相关机构和人员能够依法履行职责。

第十五条 发行人的董事、监事和高级管理人员已经了解与股票发行上市有关的法律法规，知悉上市公司及其董事、监事和高级管理人员的法定义务和责任。

第十六条 发行人的董事、监事和高级管理人员符合法律、行政法规和规章规定的任职资格，且不得有下列情形：

（一）被中国证监会采取证券市场禁入措施尚在禁入期的；

（二）最近36个月内受到中国证监会行政处罚，或者最近12个月内受到证券交易所公开谴责；

（三）因涉嫌犯罪被司法机关立案侦查或者涉嫌违法违规被中国证监会立案调查，尚未有明确结论意见。

第十七条 发行人的内部控制制度健全且被有效执行，能够合理保证财务报告的可靠性、生产经营的合法性、营运的效率与效果。

第十八条 发行人不得有下列情形：

（一）最近36个月内未经法定机关核准，擅自公开或者变相公开发行过证券；或者有关违法行为虽然发生在36个月前，但目前仍处于持续状态；

（二）最近36个月内违反工商、税收、土地、环保、海关以及其他法律、行政法规，受到行政处罚，且情节严重；

（三）最近36个月内曾向中国证监会提出发行申请，但报送的发行申请文件有虚假记载、误导性陈述或重大遗漏；或者不符合发行条件以欺骗手段骗取发行核准；或者以不正当手段干扰中国证监会及其发行审核委员会审核工作；或者伪造、变造发行人或其董事、监事、高级管理人员的签字、盖章；

（四）本次报送的发行申请文件有虚假记载、误导性陈述或者重大遗漏；

（五）涉嫌犯罪被司法机关立案侦查，尚未有明确结论意见；

（六）严重损害投资者合法权益和社会公共利益的其他情形。

第十九条 发行人的公司章程中已明确对外担保的审批权限和审议程序，不存在为控股股东、实际控制人及其控制的其他企业进行违规担保的情形。

第二十条 发行人有严格的资金管理制度，不得有资金被控股股东、实际控制人及其控制的其他企业以借款、代偿债务、代垫款项或者其他方式占用的情形。

第三节 财务与会计

第二十一条 发行人资产质量良好，资产负债结构合理，盈利能力较强，现金流量正常。

第二十二条 发行人的内部控制在所有重大方面是有效的，并由注册会计师出具了无保留结论的内部控制鉴证报告。

第二十三条 发行人会计基础工作规范，财务报表的编制符合企业会计准则和相关会计制度的规定，在所有重大方面公允地反映了发行人的财务状况、经营成果和现金流量，并由注册会计师出具了无保留意见的审计报告。

第二十四条 发行人编制财务报表应以实际发生的交易或者事项为依据；在进行会计确认、计量和报告时应当保持应有的谨慎；对相同或者相似的经济业务，应选用一致的会计政策，不得随意变更。

第二十五条 发行人应完整披露关联方关系并按重要性原则恰当披露关联交易。关联交易价格公允，不存在通过关联交易操纵利润的情形。

第二十六条 发行人应当符合下列条件：

（一）最近 3 个会计年度净利润均为正数且累计超过人民币

3000万元，净利润以扣除非经常性损益前后较低者为计算依据；

（二）最近3个会计年度经营活动产生的现金流量净额累计超过人民币5000万元；或者最近3个会计年度营业收入累计超过人民币3亿元；

（三）发行前股本总额不少于人民币3000万元；

（四）最近一期末无形资产（扣除土地使用权、水面养殖权和采矿权等后）占净资产的比例不高于20%；

（五）最近一期末不存在未弥补亏损。

中国证监会根据《关于开展创新企业境内发行股票或存托凭证试点的若干意见》等规定认定的试点企业（以下简称试点企业），可不适用前款第（一）项、第（五）项规定。

第二十七条 发行人依法纳税，各项税收优惠符合相关法律法规的规定。发行人的经营成果对税收优惠不存在严重依赖。

第二十八条 发行人不存在重大偿债风险，不存在影响持续经营的担保、诉讼以及仲裁等重大或有事项。

第二十九条 发行人申报文件中不得有下列情形：

（一）故意遗漏或虚构交易、事项或者其他重要信息；

（二）滥用会计政策或者会计估计；

（三）操纵、伪造或篡改编制财务报表所依据的会计记录或者相关凭证。

第三十条 发行人不得有下列影响持续盈利能力的情形：

（一）发行人的经营模式、产品或服务的品种结构已经或者将发生重大变化，并对发行人的持续盈利能力构成重大不利影响；

（二）发行人的行业地位或发行人所处行业的经营环境已经或者将发生重大变化，并对发行人的持续盈利能力构成重大不利影响；

（三）发行人最近1个会计年度的营业收入或净利润对关联方或者存在重大不确定性的客户存在重大依赖；

（四）发行人最近1个会计年度的净利润主要来自合并财务报

表范围以外的投资收益；

（五）发行人在用的商标、专利、专有技术以及特许经营权等重要资产或技术的取得或者使用存在重大不利变化的风险；

（六）其他可能对发行人持续盈利能力构成重大不利影响的情形。

第三章　发行程序

第三十一条　发行人董事会应当依法就本次股票发行的具体方案、本次募集资金使用的可行性及其他必须明确的事项作出决议，并提请股东大会批准。

第三十二条　发行人股东大会就本次发行股票作出的决议，至少应当包括下列事项：

（一）本次发行股票的种类和数量；

（二）发行对象；

（三）价格区间或者定价方式；

（四）募集资金用途；

（五）发行前滚存利润的分配方案；

（六）决议的有效期；

（七）对董事会办理本次发行具体事宜的授权；

（八）其他必须明确的事项。

第三十三条　发行人应当按照中国证监会的有关规定制作申请文件，由保荐人保荐并向中国证监会申报。

特定行业的发行人应当提供管理部门的相关意见。

第三十四条　中国证监会收到申请文件后，在5个工作日内作出是否受理的决定。

第三十五条　中国证监会受理申请文件后，由相关职能部门对发行人的申请文件进行初审，并由发行审核委员会审核。

第三十六条　中国证监会在初审过程中，将征求发行人注册地省级人民政府是否同意发行人发行股票的意见。

第三十七条 中国证监会依照法定条件对发行人的发行申请作出予以核准或者不予核准的决定,并出具相关文件。

自中国证监会核准发行之日起,发行人应在6个月内发行股票;超过6个月未发行的,核准文件失效,须重新经中国证监会核准后方可发行。

第三十八条 发行申请核准后、股票发行结束前,发行人发生重大事项的,应当暂缓或者暂停发行,并及时报告中国证监会,同时履行信息披露义务。影响发行条件的,应当重新履行核准程序。

第三十九条 股票发行申请未获核准的,自中国证监会作出不予核准决定之日起6个月后,发行人可再次提出股票发行申请。

第四章 信息披露

第四十条 发行人应当按照中国证监会的有关规定编制和披露招股说明书。

第四十一条 招股说明书内容与格式准则是信息披露的最低要求。不论准则是否有明确规定,凡是对投资者作出投资决策有重大影响的信息,均应当予以披露。

第四十二条 发行人应当在招股说明书中披露已达到发行监管对公司独立性的基本要求。

第四十三条 发行人及其全体董事、监事和高级管理人员应当在招股说明书上签字、盖章,保证招股说明书的内容真实、准确、完整。保荐人及其保荐代表人应当对招股说明书的真实性、准确性、完整性进行核查,并在核查意见上签字、盖章。

第四十四条 招股说明书中引用的财务报表在其最近一期截止日后6个月内有效。特别情况下发行人可申请适当延长,但至多不超过3个月。财务报表应当以年度末、半年度末或者季度末为截止日。

第四十五条 招股说明书的有效期为6个月,自中国证监会核准发行申请前招股说明书最后一次签署之日起计算。

第四十六条 申请文件受理后、发行审核委员会审核前,发行人应当将招股说明书(申报稿)在中国证监会网站(www.csrc.gov.cn)预先披露。发行人可以将招股说明书(申报稿)刊登于其企业网站,但披露内容应当完全一致,且不得早于在中国证监会网站的披露时间。

第四十七条 发行人及其全体董事、监事和高级管理人员应当保证预先披露的招股说明书(申报稿)的内容真实、准确、完整。

第四十八条 预先披露的招股说明书(申报稿)不是发行人发行股票的正式文件,不能含有价格信息,发行人不得据此发行股票。

发行人应当在预先披露的招股说明书(申报稿)的显要位置声明:“本公司的发行申请尚未得到中国证监会核准。本招股说明书(申报稿)不具有据以发行股票的法律效力,仅供预先披露之用。投资者应当以正式公告的招股说明书全文作为作出投资决定的依据。”

第四十九条 发行人股票发行前只需在一种中国证监会指定报刊刊登提示性公告,告知投资者网上刊登的地址。同时将招股说明书全文和摘要刊登于中国证监会指定的网站并将招股说明书全文置于发行人住所、拟上市证券交易所、保荐人、主承销商和其他承销机构的住所,以备公众查阅。

第五十条 保荐人出具的发行保荐书、证券服务机构出具的有关文件应当作为招股说明书的备查文件,在中国证监会指定的网站上披露,并置备于发行人住所、拟上市证券交易所、保荐人、主承销商和其他承销机构的住所,以备公众查阅。

第五十一条 发行人可以将招股说明书摘要、招股说明书全文、有关备查文件刊登于其他报刊和网站,但披露内容应当完全一致,且不得早于在中国证监会指定报刊和网站的披露时间。

第五章　监管和处罚

第五十二条　发行人向中国证监会报送的发行申请文件有虚假记载、误导性陈述或者重大遗漏的，发行人不符合发行条件以欺骗手段骗取发行核准的，发行人以不正当手段干扰中国证监会及其发行审核委员会审核工作的，发行人或其董事、监事、高级管理人员的签字、盖章系伪造或者变造的，除依照《证券法》的有关规定处罚外，中国证监会将采取终止审核并在36个月内不受理发行人的股票发行申请的监管措施。

第五十三条　保荐人出具有虚假记载、误导性陈述或者重大遗漏的发行保荐书，保荐人以不正当手段干扰中国证监会及其发行审核委员会审核工作的，保荐人或其相关签字人员的签字、盖章系伪造或变造的，或者不履行其他法定职责的，依照《证券法》和保荐制度的有关规定处理。

第五十四条　证券服务机构未勤勉尽责，所制作、出具的文件有虚假记载、误导性陈述或者重大遗漏的，除依照《证券法》及其他相关法律、行政法规和规章的规定处罚外，中国证监会将采取12个月内不接受相关机构出具的证券发行专项文件，36个月内不接受相关签字人员出具的证券发行专项文件的监管措施。

第五十五条　发行人、保荐人或证券服务机构制作或者出具的文件不符合要求，擅自改动已提交的文件，或者拒绝答复中国证监会审核中提出的相关问题的，中国证监会将视情节轻重，对相关机构和责任人员采取监管谈话、责令改正等监管措施，记入诚信档案并公布；情节特别严重的，给予警告。

第五十六条　发行人公开发行证券上市当年即亏损的，中国证监会自确认之日起暂停保荐机构的保荐机构资格3个月，撤销相关人员的保荐代表人资格，尚未盈利的试点企业除外。

第五十七条　发行人披露盈利预测的，利润实现数如未达到盈利预测的80%，除因不可抗力外，其法定代表人、盈利预测审核报告签字注册会计师应当在股东大会及中国证监会指定报刊上公开作出解释并道歉；中国证监会可以对法定代表人处以警告。

利润实现数未达到盈利预测的50%的，除因不可抗力外，中国证监会在36个月内不受理该公司的公开发行证券申请。

第六章　附　　则

第五十八条　在中华人民共和国境内，首次公开发行股票且不上市的管理办法，由中国证监会另行规定。

第五十九条　本办法自2006年5月18日起施行。《关于股票发行工作若干规定的通知》（证监〔1996〕12号）、《关于做好1997年股票发行工作的通知》（证监〔1997〕13号）、《关于股票发行工作若干问题的补充通知》（证监〔1998〕8号）、《关于对拟发行上市企业改制情况进行调查的通知》（证监发字〔1998〕259号）、《关于对拟公开发行股票公司改制运行情况进行调查的通知》（证监发〔1999〕4号）、《关于拟发行股票公司聘请审计机构等问题的通知》（证监发行字〔2000〕131号）和《关于进一步规范股票首次发行上市有关工作的通知》（证监发行字〔2003〕116号）同时废止。

交通运输部关于修改《中华人民共和国海船船员适任考试和发证规则》的决定

（2022年4月14日交通运输部令2022年第15号公布　自公布之日起施行　国司备字[2022006335]）

交通运输部决定对《中华人民共和国海船船员适任考试和发证规则》（交通运输部令2020年第11号）作如下修改：

将第六十五条第一款修改为:“海船在内河行驶,其船长、驾驶员应当按照交通运输部海事局规定通过相应的考试,并经航线签注,但申请引航的除外”。

个别文字作相应调整。

本决定自公布之日起施行。

《中华人民共和国海船船员适任考试和发证规则》根据本决定作相应修改,重新发布。

中华人民共和国海船船员适任考试和发证规则

(2020 年 7 月 6 日交通运输部发布　根据 2022 年 4 月 14 日《交通运输部关于修改〈中华人民共和国海船船员适任考试和发证规则〉的决定》修订)

第一章　总　　则

第一条　为了提高海船船员素质,保障海上人命和财产安全,保护海洋环境,根据《中华人民共和国海上交通安全法》《中华人民共和国船员条例》以及我国缔结或者加入的有关国际公约,制定本规则。

第二条　本规则适用于为取得中华人民共和国海船船员适任证书(以下简称适任证书)而进行的考试以及适任证书、适任证书特免证明和外国适任证书承认签证的签发与管理。

第三条　交通运输部主管全国海船船员适任考试和发证工作。

交通运输部海事局在交通运输部的领导下,对海船船员适任考试和发证工作进行统一管理。

交通运输部海事局所属的各级海事管理机构按照交通运输部海事局确定的职责范围具体负责海船船员适任考试和发证工作。

第四条　海船船员适任考试和发证应当遵循公平、公正、公开、便民的原则。

第二章　适任证书

第一节　适任证书基本信息

第五条　适任证书包含以下基本内容：

(一)持证人姓名、性别、出生日期、国籍、持证人签名及照片；

(二)证书编号；

(三)持证人适任的航区、职务；

(四)发证日期和有效期；

(五)签发机关名称和签发官员署名；

(六)规定需要载明的其他内容。

参加航行和轮机值班的适任证书还应当包含证书等级、职能，有关国际公约的适用条款，持证人适任的船舶种类、主推进动力装置类型、特殊设备操作等内容。

第六条　持证人适任的航区分为无限航区和沿海航区，但无线电操作人员适任的航区分为A1、A2、A3和A4海区。

第七条　船员职务分为：

(一)参加航行和轮机值班的船员：

1. 船长；

2. 甲板部船员：大副、二副、三副、高级值班水手、值班水手，其中大副、二副、三副统称为驾驶员；

3. 轮机部船员：轮机长、大管轮、二管轮、三管轮、电子电气员、高级值班机工、值班机工、电子技工，其中大管轮、二管轮、三管轮统称为轮机员；

4. 无线电操作人员：一级无线电电子员、二级无线电电子员、通用操作员、限用操作员。

（二）不参加航行和轮机值班的船员。

第八条 船长、驾驶员、轮机长、轮机员适任证书分为：

（一）船长、大副、轮机长、大管轮无限航区适任证书分为二个等级：

1. 一等适任证书：适用于3000总吨及以上或者主推进动力装置3000千瓦及以上的船舶；

2. 二等适任证书：适用于500总吨及以上至3000总吨或者主推进动力装置750千瓦及以上至3000千瓦的船舶。

（二）二副、三副、二管轮、三管轮无限航区适任证书适用于500总吨及以上或者主推进动力装置750千瓦及以上的船舶。

（三）船长、大副、轮机长、大管轮沿海航区适任证书分为三个等级：

1. 一等适任证书：适用于3000总吨及以上或者主推进动力装置3000千瓦及以上的船舶；

2. 二等适任证书：适用于500总吨及以上至3000总吨或者主推进动力装置750千瓦及以上至3000千瓦的船舶；

3. 三等适任证书：适用于未满500总吨或者主推进动力装置未满750千瓦的船舶。

（四）二副、三副、二管轮、三管轮沿海航区适任证书分为二个等级：

1. 一等适任证书：适用于500总吨及以上或者主推进动力装置750千瓦及以上的船舶；

2. 二等适任证书：适用于未满500总吨或者主推进动力装置未满750千瓦的船舶。

高级值班水手、高级值班机工适任证书适用于500总吨及以上或者主推进动力装置750千瓦及以上的船舶。

值班水手、值班机工适任证书等级分为：

（一）无限航区适任证书适用于500总吨及以上或者主推进动力装置750千瓦及以上的船舶；

(二)沿海航区适任证书分为二个等级：

1. 一等适任证书：适用于500总吨及以上或者主推进动力装置750千瓦及以上的船舶；

2. 二等适任证书：适用于未满500总吨或者主推进动力装置未满750千瓦的船舶。

电子电气员和电子技工适任证书适用于主推进动力装置750千瓦及以上的船舶。

在拖轮上任职的船长和甲板部船员所持适任证书等级与该拖轮的主推进动力装置功率的等级相对应。

不参加航行和轮机值班的船员适任证书不分等级。

第九条 船员职能根据分工分为：

(一)航行；

(二)货物操作和积载；

(三)船舶作业和人员管理；

(四)轮机工程；

(五)电气、电子和控制工程；

(六)维护和修理；

(七)无线电通信。

船员职能根据技术要求分为：

(一)管理级；

(二)操作级；

(三)支持级。

第十条 适任证书持有人应当在适任证书适用范围内担任职务或者担任低于适任证书适用范围的职务。但担任值班水手职务的船员必须持有值班水手或者高级值班水手适任证书，担任值班机工职务的船员必须持有值班机工或者高级值班机工适任证书。

第二节 适任证书的签发

第十一条 取得适任证书，应当具备下列条件：

（一）年满18周岁（在船实习、见习人员年满16周岁）且初次申请不超过60周岁；

（二）符合船员任职岗位健康要求；

（三）经过船员基本安全培训；

（四）通过相应的适任考试。

参加航行和轮机值班的船员还应当经过相应的船员适任培训、特殊培训，具备相应的船员任职资历，并且任职表现和安全记录良好。

国际航行船舶的船员申请适任证书的，还应当通过船员专业外语考试。

第十二条 不参加航行和轮机值班的海船船员申请适任证书的，应当提交下列材料：

（一）海船船员适任证书申请表；

（二）海船船员健康证明；

（三）身份证件；

（四）符合海事管理机构要求的照片；

（五）基本安全培训合格证。

第十三条 参加航行和轮机值班的海船船员初次申请适任证书的，应当取得本规则第十二条规定的不参加航行和轮机值班的海船船员适任证书，并提交下列材料：

（一）海船船员适任证书申请表；

（二）海船船员健康证明；

（三）身份证件；

（四）符合海事管理机构要求的照片；

（五）基本安全培训合格证；

（六）专业技能适任培训合格证；

（七）岗位适任培训证明或者航海教育毕业证书；

（八）船员服务簿；

（九）船上见习记录簿；

（十）适任考试合格证明；

（十一）现持有的适任证书。

第十四条 参加航行和轮机值班的海船船员申请适任证书所载职务晋升、航区扩大、吨位或者功率提高的，应当提交第十三条规定的材料。

持有三副、三管轮适任证书申请二副、二管轮适任证书者，免于提交本规则第十三条第（七）（九）（十）项规定的材料。

按照本规则规定免于船上见习者，免于提交第十三条第（九）项规定的材料。

第十五条 参加航行和轮机值班的海船船员按照第十九条申请适任证书再有效的，应提交第十三条规定的除第（七）（九）（十）项外的材料；按照第二十条申请适任证书再有效的，应提交第十三条规定的除第（七）项外的材料，及经过模拟器培训和知识更新培训证明材料，按照本规则规定免于船上见习者，免于提交第十三条第（九）项规定的材料。

第十六条 按照第二十四条规定拟在特殊类型船舶上任职的，除提交本规则第十二条、第十三条、第十四条、第十五条规定的相应材料外，还应当提交相应的特殊培训合格证。

第十七条 海事管理机构对于发证申请，经审核符合本规则规定条件的，应当按照《中华人民共和国行政许可法》《交通行政许可实施程序规定》的要求签发相应的适任证书。

对初次申请适任证书的船员，海事管理机构应当同时配发船员服务簿。

第十八条 参加航行和轮机值班的船员适任证书有效期不超过 5 年，不参加航行和轮机值班的船员适任证书长期有效。适任证书有效期截止日期不超过持证人 65 周岁生日。

第十九条 持有船长和高级船员适任证书者，满足下列条件之一，可以在适任证书有效期届满前 12 个月内或者届满后 3 个月内向有相应管理权限的海事管理机构申请适任证书再有效：

（一）从申请之日起向前计算5年内具有与其适任证书所记载范围相应的不少于12个月的海上服务资历，且任职表现和安全记录良好。其中，无限航区的船员不少于6个月是在无限航区的船舶上任职；船长、轮机长担任大副、大管轮或者二副、二管轮担任三副、三管轮的，可以作为原职务适任证书再有效的海上任职资历。

（二）从申请之日起向前计算6个月内具有与其适任证书所记载范围相应的不少于3个月的海上服务资历，且任职表现和安全记录良好。

第二十条 未满足本规则第十九条规定的船长和高级船员，申请适任证书再有效的，应当符合下列规定：

（一）未满足第十九条规定，或者适任证书过期3个月及以上5年以下的，应当参加模拟器培训和知识更新培训，并通过相应的抽查项目的评估；

（二）适任证书过期5年及以上10年以下的，应当参加模拟器培训和知识更新培训，并通过相应的抽查科目的理论考试和项目的评估；

（三）适任证书过期10年及以上的，应当参加模拟器培训和知识更新培训，通过相应的抽查科目的理论考试和项目的评估，并在适任证书记载的相应航区、等级范围内按照《船上见习记录簿》规定完成不少于3个月的船上见习。

第二十一条 适任证书损坏或者遗失时，持证人除应当向原证书签发的海事管理机构提交补发申请及本规则第十二条第（一）（三）（四）项或者第十三条第（一）（三）（四）项要求的材料外，还应当满足下列要求：

（一）适任证书损坏的，应当缴回被损坏的证书原件；

（二）适任证书遗失的，应当提交证书遗失说明。

补发的适任证书的有效期截止日期与原适任证书的有效期截止日期相同。

第二十二条 因违反海事行政管理规定被吊销适任证书者，

自证书被吊销之日起 2 年后,通过低一级职务的适任考试,可以按照本规则第十三条的规定提交相应材料,向原签发适任证书的海事管理机构申请低一级职务的适任证书。

海事管理机构对通过适任考试的,应当签发其相应的适任证书。

第二十三条 曾在内河船舶、海洋渔业船舶或者军事船舶上任职的人员,具备下列条件的,可以按照交通运输部海事局的规定申请相应的适任证书:

(一)拟申请证书的等级和职务不高于其在内河船舶、海洋渔业船舶或者军事船舶上相应的证书等级和职务,其中可以申请的职务最高为大副或者大管轮;

(二)在内河船舶、海洋渔业船舶或者军事船舶上的水上任职资历能够与本规则规定的海上任职资历相适应,且任职表现和安全记录良好;

(三)参加相应的岗位适任培训,并通过与申请职务相应的理论考试和评估。

第三节　特殊类型船舶船员的特殊要求

第二十四条 拟在油船、化学品船、液化气船、客船、高速船、使用气体或者其他低闪点燃料船舶等特殊类型船舶或者极地水域船舶上任职的,还应当按照相关规定完成相应的特殊培训,并取得培训合格证。

第二十五条 在两港间航程 50 海里及以上的客船上服务的船长、大副、二副、三副、轮机长、大管轮、二管轮、三管轮,都应当持有适用于相应航区的一等适任证书。

第二十六条 申请适用于两港间航程 50 海里及以上客船驾驶员、船长适任证书的,应当具备下列条件:

(一)申请适用于客船三副适任证书者,应当在其他种类的 500 总吨及以上海船上担任三副满 12 个月,任职表现和安全记录良好，并至少在客船上任见习三副 3 个月；或者通过三副适任考试，在客船上完成 18 个月的船上见习，任职表现和安全记录良好；

（二）申请适用于客船二副适任证书者，应当在其他种类的 500 总吨及以上海船上担任二副满 12 个月，任职表现和安全记录良好，并至少在客船上任见习二副 3 个月；或者持有客船三副适任证书并在相应航区、船舶等级的海船上担任三副不少于 12 个月，任职表现和安全记录良好，其中曾经担任客船三副至少 6 个月；

（三）申请适用于客船大副适任证书者，应当在其他种类的 3000 总吨及以上海船上担任大副满 24 个月，任职表现和安全记录良好，并至少在客船上任见习大副 3 个月；或者持有客船二副适任证书并在相应航区、船舶等级的海船上担任二副不少于 12 个月，其中曾经担任客船二副至少 6 个月，通过大副考试，至少在客船上任见习大副 3 个月，任职表现和安全记录良好；

（四）申请适用于客船船长适任证书者，应当在其他种类的 3000 总吨及以上海船上担任船长满 24 个月，任职表现和安全记录良好，并至少在客船上任见习船长 3 个月；或者持有客船大副适任证书并在相应航区、船舶等级的海船上担任大副不少于 18 个月，任职表现和安全记录良好，其中曾经担任客船大副至少 6 个月，通过船长考试，且至少在客船上任见习船长 3 个月。

第二十七条 初次申请适用于两港间航程 50 海里及以上客船轮机长、大管轮适任证书者，应当在其他种类的 3000 千瓦及以上海船上担任相应职务满 12 个月，任职表现和安全记录良好，并在客船上任相应见习职务 3 个月；初次申请适用于两港间航程 50 海里及以上客船二管轮、三管轮、电子电气员适任证书者，应当在其他种类的 750 千瓦及以上海船上担任相应职务满 12 个月，任职表现和安全记录良好，并在客船上任相应见习职务 3 个月。

通过三管轮、电子电气员适任考试者，在客船上完成规定的 18 个月船上见习，任职表现和安全记录良好，可以申请适用于客船的三管轮、电子电气员适任证书。

第三章　适任考试

第二十八条　适任考试包括理论考试和评估。

理论考试以理论知识为主要考试内容，重点对海船船员专业知识的掌握和理解程度进行测试。

评估通过对相应船舶、模拟器或者其他设备的操作，国际通用语言听力测验与口试等方式，重点对海船船员专业知识综合运用、操作及应急等能力进行技能测评。

第二十九条　适任考试科目、大纲由交通运输部海事局统一制定并公布。相关海事管理机构应当在职责范围内制定并公布适任考试具体计划，明确适任考试的时间、地点、申请程序等相关信息。

第三十条　符合本规则附件中申请海船船员适任证书要求，申请参加相应适任考试的，应当按照公布的申请程序向有相应权限的海事管理机构提供下列信息：

（一）身份证件；

（二）所申请考试的适任证书类别；

（三）符合海事管理机构要求的照片；

（四）相应培训证明和海上任职资历。

第三十一条　海事管理机构应当于适任考试开始5日前向申请人发放准考证，并告知申请人查询适任考试成绩的途径等事项。

第三十二条　适任考试有科目或者项目不及格的，可以在初次适任考试准考证签发之日起3年内申请5次补考。逾期不能通过全部适任考试的，所有适任考试成绩失效。

第三十三条　海事管理机构应当在考试结束后10日内公布成绩。适任考试成绩自全部理论考试和评估成绩均合格之日起5年内有效。

第四章　特免证明

第三十四条　中国籍船舶在境外遇有不可抗力或者其他导致持证船员不能履行职务的特殊情况，无法满足船舶最低安全配员要求，需要由本船下一级船员临时担任上一级职务时，应当到签发该船员适任证书的海事管理机构办理特免证明事宜。

第三十五条　办理船长、驾驶员、轮机长、轮机员特免证明的，应当符合下列条件：

（一）办理船长、轮机长特免证明的，应当持有大副或者大管轮适任证书，并在自办理之日起前 5 年内，具有不少于 12 个月的不低于其适任证书所记载船舶、航区、职务的任职资历，任职表现和安全记录良好，且船长、轮机长不能履行职务的情况是因不可抗力原因造成；

（二）办理大副、大管轮特免证明的，应当持有二副、二管轮适任证书，并在自办理之日起前 5 年内，具有不少于 12 个月的不低于其适任证书所记载船舶、航区、职务的任职资历，且任职表现和安全记录良好；

（三）办理二副、二管轮特免证明的，应当持有三副、三管轮适任证书，并在自办理之日起前 5 年内，具有不少于 6 个月的不低于其适任证书所记载船舶、航区、职务的任职资历，且任职表现和安全记录良好；

（四）办理三副、三管轮特免证明的，应当持有高级值班水手、值班水手或者高级值班机工、值班机工适任证书，并在自办理之日起前 5 年内，具有不少于 12 个月的不低于其适任证书所记载船舶、航区、职务的任职资历，任职表现和安全记录良好。

本条第一款规定的船员以外的其他船员，不予办理特免证明。

第三十六条　办理特免证明的，应当向海事管理机构提交包含下列内容的材料：

(一)办理理由；

(二)船舶名称、航行区域、停泊港口；

(三)拟办理签发对象的资历情况；

(四)相关证明材料。

第三十七条 海事管理机构应当核实有关情况,对符合第三十五条规定条件的,应当在3日内办理有效期不超过6个月的特免证明,但船长或者轮机长特免证明的有效期不超过3个月。不符合条件的,应当在3日内告知申请人不予办理特免证明的理由。

第三十八条 一艘船舶上同时持特免证明的船长和高级船员总共不得超过3名。

第三十九条 当事船舶抵达中国第一个港口后,特免证明自动失效。失效的特免证明应当及时缴回原办理的海事管理机构。航运公司应当及时为当事船舶安排持相应适任证书的人员补充空缺职位。

第五章 承认签证

第四十条 持有经修正的《1978年海员培训、发证和值班标准国际公约》(以下称STCW公约)缔约国签发的外国船长和高级船员适任证书的船员在中国籍船舶上任职的,应当取得由海事管理机构签发的外国船员适任证书的承认签证。

第四十一条 申请承认签证的,应当向海事管理机构提交下列材料:

(一)所属缔约国签发的适任证书原件;

(二)表明申请人符合STCW公约和所属缔约国有关船员管理规定的证明文件;

(三)申请人的海船船员身份证件。

第四十二条 交通运输部海事局应当按照STCW公约和本规则规定的标准、条件等内容,对申请承认签证船员所属缔约国的有关船员管理制度从下列方面进行评价：

（一）有关船员适任培训、考试及发证制度是否符合 STCW 公约要求；

（二）是否按照 STCW 公约要求建立了有效的船员质量标准控制体系；

（三）船员适任条件等相关要求是否低于本规则规定的相关标准。

对于按照本条第一款进行评价的结果表明该缔约国的有关船员管理制度不低于 STCW 公约及本规则相关要求，我国可以与之签署船员证书互认协议。船员持有与我国签署船员证书互认协议的缔约国所签发的船员证书，方可向我国申请承认签证。其中，签发船长、大副、轮机长、大管轮适任证书承认签证前，申请人还应当参加与申请职务相应的海上交通安全、环境保护等方面的培训，并经海事管理机构考核合格。

第四十三条 承认签证的有效期不得超过被承认适任证书的有效期，且最长不得超过 5 年。当被承认适任证书失效时，相应的承认签证自动失效。

第六章 航运公司及相关机构的责任

第四十四条 航运公司及相关机构应当保证被指派任职的船员满足下列要求：

（一）持有适当、有效的适任证书，熟悉自身岗位职责；

（二）熟悉船舶的布置、装置、设备、工作程序、特性和局限性等相关情况；

（三）具有良好工作语言运用及沟通能力，确保在紧急情况下和执行安全、防污染和保安职能时，能够有效履行职责。

第四十五条 航运公司及相关机构应当建立并完善船员培训制度，按照以下要求加强对本公司、机构船员的培训：

（一）按照交通运输部海事局的规定制定并执行有关培训、见习等方面的培训计划，并在培训、见习记录簿内如实填写或者记载；

（二）采取有效措施，确保应当由本公司、机构负责的其他各类船员培训有效实施。

第四十六条 航运公司及相关机构应当备有完整、最新的船员管理法规和相关国际公约。

航运公司及相关机构应当建立船员档案，对船员录用、培训、资历、健康状况以及有关船员考试、证书持有情况等信息进行连续有效的记录和管理，并确保可以供随时查询。

第七章 监督管理

第四十七条 海事管理机构应当对船员履行职责、安全记录等情况进行监督检查，加强对船员适任能力的监管。

第四十八条 有下列情形之一的，海事管理机构可以组织对负有责任的船员适任能力进行考核：

（一）船舶发生碰撞、搁浅或者触礁的；

（二）在航行、锚泊或者靠泊时，从船上非法排放物质的；

（三）违反航行规则的；

（四）以其他危及海上人命、财产安全和海洋环境的方式操作船舶的。

按照本条第一款对船员进行适任能力考核的，应当根据本规则规定的船员适任要求通过抽考、现场考核等方式进行。对于考核结果表明船员不再符合适任条件的，海事管理机构应当注销其适任证书或者承认签证。

第四十九条 按照第四十八条被注销适任证书的船员，可以按照海事管理机构的要求参加低一级职务的评估，海事管理机构签发与其考核结果相适应的适任证书。

第五十条 负责船员适任考试和发证的海事管理机构应当配备满足适任考试、发证要求的人员、设备、场地和资料,建立相关的质量管理体系并通过交通运输部海事局的审核。

第五十一条 海事管理机构应当加强对从事船员适任考试、发证工作人员岗位培训和考核。不符合上岗条件的,不得从事船员适任考试、发证工作。

第五十二条 海事管理机构应当建立船员信息数据库、船员证书电子登记系统等船员档案,并按照交通运输部海事局的规定具备相应信息的查询功能。

第五十三条 海事管理机构应当公开海船船员适任考试和发证管理的事项、办事程序、举报电话等信息,自觉接受社会的监督。

第五十四条 除海事管理机构依法实施外,任何机构和个人不得以任何理由扣留或者吊销船员适任证书。

第八章 法律责任

第五十五条 隐瞒有关情况或者提供虚假材料申请适任证书的,海事管理机构不予受理或者不予签发适任证书,并给予警告;申请人在1年内不得再次申请与前次申请等级、职务资格、航区相同的适任证书。

第五十六条 以欺骗、贿赂等不正当手段取得适任证书的,由签发证书的海事管理机构或者其上级海事管理机构吊销有关证书,并处2000元以上2万元以下罚款。

以欺骗、贿赂等不正当手段取得特免证明、承认签证的,或者伪造、变造、买卖特免证明、承认签证的,由海事管理机构收缴有关证书,处2000元以上2万元以下罚款。

第五十七条 伪造、变造或者买卖适任证书的,由海事管理机构收缴有关证书,处2万元以上10万元以下罚款,有违法所得的,还应当没收违法所得。

第五十八条 船员未在培训、见习记录簿内作出如实填写或者记载的，由海事管理机构处1000元以上1万元以下罚款；情节严重的，并给予暂扣船员适任证书6个月以上2年以下直至吊销船员适任证书的处罚。

第五十九条 船长未在船员服务簿内如实记载船员履职情况的，由海事管理机构处2000元以上2万元以下罚款；情节严重的，并给予暂扣适任证书6个月以上2年以下直至吊销适任证书的处罚。

第六十条 因违反本规则或者其他水上交通安全法规的规定，被海事管理机构吊销适任证书的，自被吊销之日起2年内，不得申请适任证书。

第六十一条 海事管理机构有下列情形之一的，由交通运输部海事局责令改正；情节严重的，限制或者取消其开展适任考试和发证的权限：

（一）违反行政许可法规规定的程序开展适任考试和发证工作的；

（二）超越权限开展适任考试或者签发适任证书的；

（三）对不具备条件的申请人签发适任证书的。

第九章　附　　则

第六十二条 适任证书、特免证明、承认签证由交通运输部海事局统一印制。

船上培训、见习记录簿的具体格式和内容由交通运输部海事局统一规定。

第六十三条 本规则下列用语的含义：

（一）海船，是指航行于海上以及江海直达的各类船舶，但不包括军事船舶、渔业船舶、体育运动船舶和非营业性游艇；

（二）无限航区，是指海上任何通航水域，包括世界各国的开放港口和国际通航运河及河流；

（三）沿海航区，是指我国沿海的港口、内水和领海以及国家管辖的一切其他通航海域；

（四）A1 海区，是指至少由一个具有连续数字选择呼叫（即 DSC）报警能力的甚高频（VHF）岸台的无线电话所覆盖的区域；

（五）A2 海区，是指除 A1 海区以外，至少由一个具有连续 DSC 报警能力的中频（MF）岸台的无线电话所覆盖的区域；

（六）A3 海区，是指除 A1 和 A2 海区以外，由具有连续报警能力的国际海事卫星组织（INMARSAT）静止卫星所覆盖的区域；

（七）A4 海区，是指除 A1、A2 和 A3 海区以外的海区；

（八）非运输船，是指工程船舶、拖轮等不从事货物（或者旅客）运输的机动船舶；

（九）安全记录良好，是指自申请之日起向前计算 5 年内未发生负有主要责任的一般事故及以上等级事故；

（十）实践教学，是指航海类院校或者培训机构组织实施的实验教学、工厂实习教学和船上实习；

（十一）航运公司，是指船舶所有人、经营人、管理人或者光船承租人；

（十二）相关机构，是指海船船员服务机构和海员外派机构。

第六十四条　下列船舶船员的适任考试和发证不适用本规则，按照交通运输部海事局的相关规定执行：

（一）在两港间航程不足 50 海里的客船或者滚装客船上任职的船长和高级船员；

（二）在未满 100 总吨船舶上任职的船长和甲板部船员；

（三）在主推进动力装置未满 220 千瓦船舶上任职的轮机部船员；

（四）仅在船籍港和船籍港附近水域航行和作业的船舶上任职的船员；

（五）在公务船、水上飞机、地效翼船、非营业性游艇、摩托艇、非自航船上任职的船员。

依照本条第一款规定取得适任证书的第(二)(三)项船员和在公务船上任职的船员,可以按照交通运输部海事局的规定,免除船员培训和考试的相应内容,申请本规则的相应适任证书。

第六十五条 海船在内河行驶,其船长、驾驶员应当按照交通运输部海事局规定通过相应的考试,并经航线签注,但申请引航的除外。

持有有效适任证书的内河船舶船员,通过相应的培训、考试,并经航线签注,可以在特定航线江海直达船舶上担任相应职务,具体办法由交通运输部海事局制定。

第六十六条 我国缔结或者加入的国际公约对普通船员适任证书有效期有特别规定的,按照其规定执行。

第六十七条 本规则施行前已经取得海船船员适任证书和正在接受海船船员教育、培训的人员的考试和发证工作,由交通运输部海事局在相关国际公约规定的时间内,采取相应的过渡措施,逐步进行规范。

第六十八条 本规则自 2020 年 11 月 1 日起施行。2011 年 12 月 27 日交通运输部发布的《中华人民共和国海船船员适任考试和发证规则》(交通运输部令 2011 年第 12 号),2013 年 12 月 24 日以交通运输部令 2013 年第 18 号发布的《关于修改〈中华人民共和国海船船员适任考试和发证规则〉的决定》,2017 年 3 月 28 日以交通运输部令 2017 年第 8 号发布的《关于修改〈中华人民共和国海船船员适任考试和发证规则〉的决定》,同时废止。

附件：

申请海船船员适任证书的培训、海上任职资历和适任考试要求

申请职务	培训		海上任职资历		适任考试	特别规定
	基本安全和专业技能适任培训	岗位适任培训	海上服务资历	船上见习		
值班水手、值班机工	完成基本安全培训、保安意识培训和负有指定保安职责船员的培训	完成相应的值班水手、值班机工岗位适任培训		具有相应等级的船舶的不少于6个月的海上服务资历，其中至少应有3个月是在船上合格的高级船员或者合格的支持级船员的直接监督之下履行了值班职责，或者按照见习计划和见习记录簿的要求，完成3个月的船上见习	通过相应的值班水手、值班机工适任考试	
高级值班水手、高级值班机工	完成基本安全培训、精通救生艇筏和救助艇培训、保安意识培训和负有指定保安职责船员的培训		担任值班水手、值班机工满18个月		通过相应的高级值班水手、高级值班机工适任考试	
			担任值班水手、值班机工满12个月	其中后6个月中按照见习计划和见习记录簿的要求，完成不少于3个月的船上见习		

续表

申请职务	培训		海上任职资历		适任考试	特别规定
	基本安全和专业技能适任培训	岗位适任培训	海上服务资历	船上见习		
三副、三管轮	完成基本安全培训、精通救生艇筏和救助艇培训、高级消防培训、精通急救培训、保安意识培训和负有指定保安职责船员的培训	完成相应的三副、三管轮岗位适任培训	担任值班水手、值班机工或者高级值班水手、高级值班机工合计不少于18个月	在船长或者合格的高级船员的指导下在相应等级船舶上履行了不少于6个月的驾驶台或者机舱值班职责	通过三副、三管轮适任考试	未满500总吨或者750千瓦的船舶(特殊类型船舶除外),免除精通救生艇筏和救助艇培训、高级消防培训、精通急救培训
二副、二管轮	完成基本安全培训、精通救生艇筏和救助艇培训、高级消防培训、精通急救培训、保安意识培训和负有指定保安职责船员的培训	免除	担任三副、三管轮满12个月	免除	免除	未满500总吨或者750千瓦的船舶(特殊类型船舶除外),免除精通救生艇筏和救助艇培训、高级消防培训、精通急救培训

续表

申请职务	培训		海上任职资历		适任考试	特别规定
	基本安全和专业技能适任培训	岗位适任培训	海上服务资历	船上见习		
大副、大管轮	完成基本安全培训、精通救生艇筏和救助艇培训、高级消防培训、精通急救培训、船上医护培训(仅限500总吨及以上大副)、保安意识培训和负有指定保安职责船员的培训	完成相应的大副、大管轮岗位适任培训	担任二副、二管轮满12个月	在相应航区相应等级的船舶上完成不少于3个月的任职前船上见习	通过大副、大管轮适任考试	未满500总吨或者750千瓦的船舶(特殊类型船舶除外),免除精通救生艇筏和救助艇培训、高级消防培训、精通急救培训
船长、轮机长	完成基本安全培训、精通救生艇筏和救助艇培训、高级消防培训、精通急救培训、船上医护培训(仅限500总吨及以上船长)、保安意识培训和负有指定保安职责船员的培训	完成相应的船长、轮机长岗位适任培训	担任大副、大管轮满18个月	在相应航区相应等级的船舶上完成不少于3个月的任职前船上见习	通过船长、轮机长适任考试	未满500总吨或者750千瓦的船舶(特殊类型船舶除外),免除精通救生艇筏和救助艇培训、高级消防培训、精通急救培训

续表

申请职务	培训		海上任职资历		适任考试	特别规定
	基本安全和专业技能适任培训	岗位适任培训	海上服务资历	船上见习		
电子技工	完成基本安全培训、精通救生艇筏和救助艇培训、保安意识培训和负有指定保安职责船员的培训	完成相应的电子技工岗位适任培训		具有不少于6个月的海上服务资历，其中至少应有3个月是在船上合格的高级船员或者合格的支持级船员的直接监督之下履行了值班职责	通过电子技工适任考试	
电子电气员	完成基本安全培训、精通救生艇筏和救助艇培训、高级消防培训、精通急救培训、保安意识培训和负有指定保安职责船员的培训	完成相应的电子电气员岗位适任培训	担任电子技工满18个月	在相应等级的船舶上完成不少于6个月的任职前船上见习	通过电子电气员适任考试	
GMDSS限用操作员	完成基本安全培训、保安意识培训和负有指定保安职责船员的培训	完成GMDSS限用操作员岗位适任培训			通过GMDSS限用操作员适任考试	特殊类型船舶上任职，还须完成精通救生艇筏和救助艇培训、精通急救培训

续表

申请职务	培训		海上任职资历		适任考试	特别规定
	基本安全和专业技能适任培训	岗位适任培训	海上服务资历	船上见习		
GMDSS 通用操作员	完成基本安全培训、精通救生艇筏和救助艇培训、精通急救培训、保安意识培训和负有指定保安职责船员的培训	完成 GMDSS 通用操作员岗位适任培训			通过 GMDSS 通用操作员适任考试	
GMDSS 二级无线电电子员	同上	完成 GMDSS 二级无线电电子员岗位适任培训	担任 GMDSS 通用操作员满 12 个月		通过 GMDSS 二级无线电电子员适任考试	
GMDSS 一级无线电电子员	同上	完成 GMDSS 一级无线电电子员岗位适任培训	担任 GMDSS 二级无线电电子员满 18 个月		通过 GMDSS 一级无线电电子员适任考试	

续表

申请职务	培训		海上任职资历		适任考试	特别规定
	基本安全和专业技能适任培训	岗位适任培训	海上服务资历	船上见习		
不参加航行和轮机值班的船员	完成基本安全培训和保安意识培训				通过基本安全和保安意识适任考试，申请从事国际航行船舶的，还应当通过船员专业外语考试。	

表注：

1. 表中“海上服务资历”一列中规定的海上服务资历如无其他规定须是在参加岗位适任培训前取得的 5 年内的相应航区、相应等级、相应职务的资历，其中申请无限航区适任证书职务晋升所要求的海上服务资历至少有 6 个月是在无限航区的船舶上任职，其余时间可以在沿海航区的船舶上任职；申请晋升 3000 总吨及以上大副或者 3000 千瓦及以上大管轮的船员除满足上述资历要求外，5 年内三副、二副或者三管轮、二管轮合计资历至少有 12 个月是在 3000 总吨及以上或者 3000 千瓦及以上的船舶上任职；船长和高级船员船上见习需在理论考试通过后进行，并在船上见习记录簿中记载；申请适任证书的航区扩大、吨位或者功率提高的，可以免予船上见习。但申请总吨或者功率提高至 3000 总吨或者功率 3000 千瓦及以上适任证书的船长和管理级高级船员在理论考试通过后，应当在相应航区的 3000 总吨或者功率 3000 千瓦及以上见习相应的船长或者管理级高级船员职务 3 个月，并在船上见习记录簿中记载。

2. 已持有适用于货物运输船舶适任证书的船员在各类非运输船舶上的海上服务资历可以视为在货物运输船舶的

适任证书再有效所需的海上服务资历;在两港间航程 50 海里及以上的客船上服务的船长和高级船员的海上服务资历按照所持适任证书适用的航区、船舶等级确定。

3. 申请适任证书航区扩大者,应当持有有效的沿海航区相同船舶等级和职务的适任证书,并实际担任其职务不少于 6 个月,并完成相应的岗位适任培训;申请适任证书吨位或者功率提高者,应当持有有效的与所申请的吨位或者功率较低一级但航区和职务相同的适任证书,并实际担任其职务满 12 个月,并完成相应的岗位适任培训。

4. 接受不少于 2 年的全日制航海类中职/中专及以上教育的学生或者完成全日制非航海类大专及以上教育并接受不少于 12 个月三副、三管轮、电子电气员岗位适任培训的学员可以按照以下情形参加适任考试:

(1)完成全部理论和实践教学内容后,可以相应地申请无限航区三副、三管轮、电子电气员的适任考试。

(2)经交通运输部海事局认可,教育培训质量良好的航海院校的全日制航海类本科教育学生,完成全部理论和实践教学内容后,可以相应地申请无限航区二副、二管轮的适任考试。

(3)正在接受航海类教育的学生可以在毕业或者结业前 12 个月内相应地申请参加值班水手、值班机工、电子技工适任考试,免于参加相应的值班水手、值班机工、电子技工岗位适任培训。

通过三副、二副、三管轮、二管轮、电子电气员理论考试后,应当在 500 总吨或者 750 千瓦及以上的船舶上完成不少于 12 个月的船上见习,其中三副、二副、三管轮、二管轮见习至少应当有 6 个月是在船长或者高级船员的指导下履行了驾驶台或者机舱值班职责。

(4)经交通运输部海事局确认课程、培训质量体系运行及培训质量和社会声誉良好的培训机构,学员培训期间在船培训、见习的资历可以计入支持级和操作级职务的见习资历。

5. 交通运输部海事局可以认可教育质量管理体系运行良好的航海类教育机构按照本规则开展的海船船员适任考试。

中国人民银行执法检查程序规定

（2022年4月14日中国人民银行令〔2022〕第2号公布
自2022年6月1日起施行　国司备字〔2022006338〕）

第一章　总　　则

第一条　为促进中国人民银行及其分支机构依法履行职责，严格规范公正文明执法，保护被检查人合法权益，根据《中华人民共和国中国人民银行法》《中华人民共和国商业银行法》《中华人民共和国行政处罚法》等法律、行政法规，制定本规定。

第二条　中国人民银行及其分支机构依法履行职责，对被检查人进行执法检查的，适用本规定。

本规定所称被检查人，是指根据法律、行政法规、国务院决定和中国人民银行规章规定，中国人民银行及其分支机构有监督管理权限的法人、非法人组织和自然人。

第三条　本规定所称执法检查，是指中国人民银行及其分支机构根据履行职责需要，通过进入被检查人现场、查阅相关材料、询问相关人员、访问计算机信息系统等方式，监督被检查人执行有关金融管理规定情况的行政执法活动。

第四条　中国人民银行及其分支机构开展执法检查，应当遵循合法、公开、公平、公正、合理、效率的原则，加大关系群众切身利益的重点领域执法力度，不断提升执法效能。

第五条　中国人民银行及其分支机构开展执法检查，可以采取非现场检查、现场检查或者两者相结合的方式。

第六条　中国人民银行及其分支机构根据“分级负责”原则，按照法律、行政法规、国务院决定、中国人民银行规章和有关规定，对本单位负责监管的被检查人和发生在本辖区的违法违规行为开展执法检查。

中国人民银行统筹、指导、协调全系统执法检查工作，根据需要，可以对分支机构负责监管的被检查人开展执法检查，或者委托特定分支机构以中国人民银行的名义开展执法检查。

第七条 中国人民银行可以授权特定分支机构对部分业务类型或者部分被检查人开展执法检查。

第八条 中国人民银行及其分支机构应当配备与执法检查需求相适应的检查力量，建立完善检查人员库。

本规定所称检查人员，是指承担行政执法工作职责、掌握相关法律和业务知识、具备执法检查工作能力，按照规定取得《中国人民银行执法证》的中国人民银行及其分支机构正式工作人员。

第九条 中国人民银行及其分支机构根据执法检查工作需要，可以聘请注册会计师、资产评估人员、律师等专业人员，以及数据分析、信息技术等领域技术人员作为辅助人员协助执法检查，或者邀请上述人员出具专业意见。

第十条 中国人民银行及其分支机构的工作人员、参与执法检查的辅助人员对执法检查中知悉的国家秘密、工作秘密、商业秘密、个人隐私和个人信息应当依法予以保密，不得违反规定对外提供；中国人民银行及其分支机构可以要求上述人员签署保密协议。

执法检查结果公布之前，被检查人及其工作人员对执法检查情况负有保密义务，不得泄露与执法检查有关的信息。

除法律、行政法规或者中国人民银行规章另有规定外，中国人民银行及其分支机构在执法检查过程中形成的案卷信息不予公开。被检查人及其代理人可以按照规定申请查阅证据材料等相关案卷信息。

第十一条 中国人民银行及其分支机构应当加强与其他监管部门的沟通协调，依法共享检查信息，必要时可以与其他监管部门联合组织现场检查。

第十二条 中国人民银行及其分支机构按照相关财务管理规定对执法检查工作给予经费保障。

第二章 非现场检查

第十三条 中国人民银行及其分支机构可以对被检查人的相关活动以及其风险状况进行非现场检查,充分运用互联网、大数据等技术手段,依托国家统一建立的在线监管系统,建立完善监管信息系统,加强监管信息归集共享和关联整合,分析、评价被检查人的风险状况,及时发现被检查人的违法违规行为。

第十四条 中国人民银行及其分支机构可以要求被检查人通过业务管理系统、监管信息系统等信息化系统提供监管所需的信息,并通过对相关信息的汇总、分析了解被检查人的业务开展情况、风险状况等。

第十五条 中国人民银行及其分支机构在日常监管中,或者通过业务管理系统、监管信息系统等信息化系统发现被检查人可能存在违法违规行为的,可以采取线上检查的方式直接通过信息化系统对相关情况进行进一步核实。

线上检查应当由两名以上检查人员实施。检查人员应当全面、客观、完整地记录检查工作情况,并制作执法检查工作底稿。

第十六条 中国人民银行或其分支机构发现被检查人存在违法违规行为问题线索的,可以向被检查人发出函询通知书,要求其限期说明情况,提供相关信息、电子数据、文件和资料等。

被检查人应当书面答复中国人民银行或其分支机构的函询,并按照中国人民银行或其分支机构指定的方式、规定的时间,如实、完整提供相关信息、电子数据、文件和资料等。

第十七条 中国人民银行及其分支机构开展线上检查、函询等非现场检查的,应当立项。

第三章　现场检查

第一节　检查的准备

第十八条　中国人民银行及其分支机构根据执法检查计划、日常监管中发现的问题、非现场检查情况以及其他履行职责的需要,组织实施现场检查。

第十九条　中国人民银行于每年年初统筹制定中国人民银行系统年度执法检查计划,确定本年度拟开展的执法检查项目。

第二十条　中国人民银行副省级城市中心支行以上分支机构根据中国人民银行制定的执法检查计划和本辖区履行职责的需要,对本辖区的执法检查工作作出统一部署。

第二十一条　中国人民银行及其分支机构制定执法检查计划时,应当将防范金融风险与随机抽查相结合,充分利用非现场检查结果和日常监管信息,确定被检查人。

第二十二条　中国人民银行及其分支机构根据日常监管工作的需要、突发风险事件等拟对被检查人开展现场检查的,应当立项、制定检查方案,经法制审核后,报本单位行长或者副行长(主任或者副主任)批准后实施。

已经列入执法检查计划的现场检查项目可以不再立项,在制定检查方案,经法制审核后,报本单位行长或者副行长(主任或者副主任)批准后实施。

第二十三条　中国人民银行及其分支机构应当根据检查方案组成检查组,检查组的组成人员不得少于两人,原则上从本单位检查人员库中随机抽取。

检查组的组成人员与被检查人存在利害关系或者有其他关系可能影响公正执法的,应当回避。

第二十四条　根据现场检查的需要,检查组可以组织检查人员进行法律、业务知识培训和纪律教育。

第二十五条 检查组应当在实施现场检查前，向被检查人送达执法检查通知书，告知现场检查的依据、内容、检查期限范围、检查开展时间、要求、检查组成员名单等事项；因特殊情况需要立即实施现场检查的，检查组应当在进入被检查人现场时送达执法检查通知书。

第二十六条 检查组在实施现场检查前，可以书面通知被检查人提供与现场检查相关的信息、电子数据、文件和资料等，被检查人应当配合，并按照检查组指定的方式、规定的时间，如实、完整提供。

第二十七条 中国人民银行分支机构对管辖权存在争议的案件，应当逐级报请共同上级行指定管辖，或者由共同上级行直接指定管辖。

对重大、特殊案件，中国人民银行可以指定中国人民银行分支机构开展现场检查，或者自行开展现场检查。

作出指定管辖决定的中国人民银行或其分支机构应当出具指定管辖通知书。

第二节　检查的实施

第二十八条 检查组实施现场检查时，检查人员应当向被检查人出示《中国人民银行执法证》，自觉接受监督。

第二十九条 检查组实施现场检查的，应当与被检查人进行进场会谈，说明检查的目的、内容、工作安排和要求；充分听取被检查人的业务情况报告和其他有关情况报告。

检查组实施现场检查前，应当告知被检查人享有的权利和配合检查的义务，并由被检查人签字、盖章确认。

第三十条 检查组在现场检查中需要查阅被检查人的工作制度、业务凭证、会计账目、财务报表等资料的，应当填写执法检查调阅资料清单，并由专人负责接收和退还调阅资料。

第三十一条 检查组可以采取抽样检查的方式核实有关情况。

检查组在实施抽样检查前,应当书面告知被检查人拟采取抽样检查方式的检查项目、抽样方式、拟抽取的最低样本数量或者比例等信息;被检查人有异议的,应当在抽样检查实施前向检查组书面提出。

第三十二条 检查组应当全面、客观、完整地记录检查工作的情况,并制作执法检查工作底稿。

第三十三条 检查组可以根据检查工作的实际需要,变更下列事项,并书面告知被检查人:

(一)执法检查通知书载明检查期限范围可以追溯或者顺延的,调整检查期限范围;

(二)执法检查通知书载明可以对被检查人的分支机构、营业网点开展检查的,增加、变更被检查人的分支机构、营业网点;

(三)增加、变更检查人员;

(四)变更检查开展时间。

第三十四条 现场检查过程中,为进一步查明相关事实,检查组可以向被检查人以外的其他法人、非法人组织和自然人调查情况。

相关法人、非法人组织和自然人不在本地的,检查组经本单位行长或者副行长(主任或者副主任)批准,可以请求其所在地中国人民银行分支机构协助调查。

第三节 简易现场检查程序

第三十五条 中国人民银行及其分支机构为核实较为明确的特定违法违规线索、了解特定情况,可以适用简易现场检查程序对被检查人开展执法检查。

中国人民银行及其分支机构适用简易现场检查程序的,应当立项、制作执法检查通知书,经法制审核后,报本单位行长或者副行长(主任或者副主任)批准后实施。

第三十六条 中国人民银行及其分支机构应当指派两名以上检查人员,参照本规定第二十五条、第三章第二节、第四章规定的具体程序和证据收集规范开展执法检查。

适用简易现场检查程序进行执法检查的,根据实际需要,可以不再拟定检查方案、进行进场会谈和退场会谈等,但应当以适当形式告知被检查人享有的权利和配合检查的义务。

第四章 证　　据

第三十七条 检查组应当严格遵守法定程序,根据违法违规行为的不同类别、阶段、环节,合理使用音视频记录和文字记录等多种方式,全面、客观、及时、准确地收集符合法定形式的证据,实现执法全过程留痕和可回溯管理。

第三十八条 检查组在现场检查中可以要求被检查人对相关检查事实进行确认,制作执法检查事实认定书,由被检查人签字、盖章确认。

执法检查事实认定书应当载明被检查人的名称或者姓名、检查开展时间、检查内容、确认的事实等内容。

被检查人对执法检查事实认定书无异议的,视为被检查人认可执法检查事实认定书载明的内容。

第三十九条 检查组在现场检查中收集有关书证、物证、视听资料等证据的,应当尽可能取得原件;无法取得原件的,可以制作复印件、影印件、节录本等复制件。

能够证明合法来源,与原件一致的复制件可以作为认定相关事实的证据使用。

第四十条 检查组可以直接提取被检查人电子计算机数据库及其他信息化系统中的电子数据作为证据,也可以采用抽样、汇总、分解、转换、计算、统计、比对等方式形成新的电子数据。

检查组形成新的电子数据的，应当通过取证说明、音视频记录等方式，记录电子数据的形成方式或者过程。

第四十一条 检查组向被检查人或者其工作人员、其他知悉相关情况的人员询问有关情况的，应当制作执法检查询问笔录，由被询问人进行核对并签字确认；执法检查询问笔录有错误或者有遗漏的，应当允许被询问人提出更正意见或者补充意见。

第四十二条 对可能灭失或者以后难以取得的证据，检查组经本单位行长或者副行长（主任或者副主任）批准，可以根据具体情况依法采取先行登记保存、聘请公证人员进行公证、申请有权机关冻结或者查封等保全措施。

采取保全措施的，检查组应当通知被检查人。先行登记保存证据期间，被检查人或者其他有关人员不得毁损、销毁或者转移证据。

第四十三条 中国人民银行及其分支机构通过函询，或者在线上检查中通过信息化系统获取的信息、电子数据、文件和资料等可以作为认定被检查人是否存在违法违规行为的证据使用。

第五章 检查结果的处理

第四十四条 现场检查结束时，检查组应当与被检查人进行退场会谈，通报现场检查中认定的事实，并制作执法检查退场会谈纪要。被检查人存在异议的，可以在会谈中提出，或者自收到执法检查退场会谈纪要之日起五个工作日内向检查组书面提出。

确因特殊原因难以在现场检查结束时举行退场会谈，或者通过非现场检查方式、适用简易现场检查程序拟认定被检查人存在违法违规行为的，应当及时书面告知被检查人拟认定的事实、理由和依据。被检查人存在异议的，可以自收到书面告知之日起五个工作日内向作出该书面告知的中国人民银行或其分支机构书面提出。

检查组应当听取被检查人的意见，并以适当形式向被检查人反馈。

第四十五条 中国人民银行及其分支机构在现场检查，或者函询、线上检查等非现场检查中发现被检查人存在违反法律、行政法规、国务院决定，以及中国人民银行规章、规范性文件规定的行为的，应当向被检查人出具责令整改通知书，要求被检查人整改；必要时，可以将责令整改通知书抄送被检查人的上级机构。

责令整改通知书应当载明被检查人的名称或者姓名、被检查人违法违规行为情况及认定依据、被检查人应当采取的整改措施、整改期限等。

中国人民银行及其分支机构应当参照《中国人民银行行政处罚程序规定》第四十五条、第四十六条规定的时限和方式送达责令整改通知书。

第四十六条 被检查人应当在责令整改通知书规定的整改期限内完成整改，并向发出责令整改通知书的中国人民银行或其分支机构提交整改报告。

中国人民银行或其分支机构可以采取适当方式对被检查人的整改情况进行核实。

第四十七条 中国人民银行及其分支机构根据非现场检查和现场检查认定的事实，可以约谈被检查人的实际控制人、法定代表人或者主要负责人、董事、监事、高级管理人员以及相关责任人员。

被检查人拒绝、阻碍中国人民银行及其分支机构的非现场检查和现场检查工作，或者未按要求进行整改的，中国人民银行及其分支机构可以采取前款规定的约谈措施。

第四十八条 中国人民银行及其分支机构根据非现场检查和现场检查认定的事实，可以对被检查人采取出具警示函、监管意见书等监管措施。

第四十九条 被检查人有违反法律、行政法规或者中国人民银行规章规定的行为，并且中国人民银行或其分支机构对相关违法违规行为有管辖权的,应当及时依照《中华人民共和国行政处罚法》和《中国人民银行行政处罚程序规定》处理。

第五十条 中国人民银行分支机构在日常监管、执法检查中发现被检查人存在违法违规行为,但不属于本单位管辖的,应当移送有管辖权的中国人民银行分支机构处理;发现属于中国人民银行管辖的,应当逐级报请中国人民银行处理。

中国人民银行及其分支机构在日常监管、执法检查中发现被检查人涉嫌存在应当由其他部门查处的违法违规行为的,应当依法移送有关部门处理。

第五十一条 中国人民银行及其分支机构在执法检查过程中发现被检查人及其工作人员涉嫌犯罪,依法需要追究刑事责任的,应当按照《行政执法机关移送涉嫌犯罪案件的规定》,及时向公安机关移送。

中国人民银行及其分支机构在执法检查过程中发现被检查人的工作人员中存在被监察对象涉嫌违反党纪、职务违法或者职务犯罪等问题线索的,应当及时向纪检监察机关移送。

第五十二条 中国人民银行及其分支机构应当依照有关规定,将执法检查材料整理归档,妥善保存。

第六章 法律责任

第五十三条 中国人民银行及其分支机构的工作人员违反本规定,按照法律、行政法规规定应当给予处分的,依法给予处分;涉嫌犯罪的,依法移送监察机关或者司法机关处理。

第五十四条 被检查人或其工作人员违反本规定,拒绝、阻碍中国人民银行或其分支机构的非现场检查和现场检查工作,拒绝提供信息、电子数据、文件和资料等或者提供虚假信息、电子数据、文件和资料等,拒绝参加或者配合中国人民银行或其分支机构约谈的,有关法律、行政法规和中国人民银行规章有处罚规定的,依据其规定给予处罚;有关法律、行政法规和中国人民银行规章未作处罚规定的,中国人民银行或其分支机构给予警告,并处十万元以下罚款,视情况给予通报批评。

第五十五条 被检查人未按照中国人民银行或其分支机构的要求整改,或者提交的整改报告内容不实,有关法律、行政法规和中国人民银行规章有处罚规定的,依据其规定给予处罚;有关法律、行政法规和中国人民银行规章未作处罚规定,情节严重的,中国人民银行或其分支机构给予警告,并处十万元以下罚款,视情况给予通报批评。

第七章 附 则

第五十六条 本规定所称中国人民银行分支机构包括中国人民银行上海总部,各分行、营业管理部、中心支行和支行。

第五十七条 本规定所称被检查人享有的权利,是指被检查人对检查组工作进行监督、申请检查人员回避、对检查情况提出异议、举报检查人员违法违纪行为等权利。

本规定所称被检查人配合检查的义务,包括:

(一)不得阻碍、拒绝监督检查,不得提出不合理的要求;

(二)如实回复函询或者回答检查人员的询问,及时就相关事项进行说明;

(三)按照要求及时提供执法检查所需的信息、电子数据、文件和资料等,并对所提供的信息、电子数据、文件和资料等的真实性、准确性、完整性负责。

第五十八条 国家外汇管理局及其分支机构实施执法检查的程序规定,由国家外汇管理局另行制定。

第五十九条 中国人民银行及其分支机构与其他行政执法部门联合实施执法检查的,可以参照本规定执行。

中国人民银行可以依法与其他监管部门建立执法合作机制,

相关办法由中国人民银行会同相关监管部门另行制定。

第六十条 本规定由中国人民银行负责解释。

第六十一条 本规定自2022年6月1日起施行。《中国人民银行执法检查程序规定》(中国人民银行令〔2010〕第1号发布)同时废止。

中国人民银行行政处罚程序规定

(2022年4月14日中国人民银行令〔2022〕第3号公布
自2022年6月1日起施行 国司备字[2022006339])

第一章 总 则

第一条 为规范中国人民银行及其分支机构的行政处罚行为,维护当事人合法权益,根据《中华人民共和国中国人民银行法》《中华人民共和国商业银行法》《中华人民共和国行政处罚法》等有关法律、行政法规,制定本规定。

第二条 中国人民银行及其分支机构依法对管辖的法人、非法人组织和自然人违反相关法律、行政法规、中国人民银行规章的行为给予行政处罚的,依照本规定实施。

第三条 中国人民银行及其分支机构应当依照法律、行政法规、中国人民银行规章的规定,公正、公开、合理地实施行政处罚,坚持处罚与教育相结合,与违法行为的事实、性质、情节以及社会危害程度相当。

第四条 中国人民银行及其分支机构实施行政处罚,实行分级管理、分工负责,执法检查、案件调查与案件审理、案件决定相分离。

第五条 中国人民银行及其分支机构依法公开行政处罚决定信息。

除法律、行政法规或者中国人民银行规章另有规定外，中国人民银行及其分支机构在行政处罚案件立案、调查、审理、决定过程中形成的案卷信息不予公开。当事人及其代理人可以按照规定申请查阅相关案卷信息。

第六条 中国人民银行及其分支机构的工作人员对实施行政处罚过程中知悉的国家秘密、工作秘密、商业秘密、个人隐私和个人信息应当依法予以保密，不得违反规定对外提供。

行政处罚决定信息公布之前，当事人、中国人民银行及其分支机构的工作人员、参与案件调查的辅助人员、提供意见的外部专家等对行政处罚情况负有保密义务，不得泄露与行政处罚有关的信息。

第二章 管 辖

第七条 中国人民银行负责对下列违法违规行为实施行政处罚：

（一）法律、行政法规、中国人民银行规章规定由中国人民银行实施行政处罚的违法违规行为；

（二）以中国人民银行名义开展执法检查发现的违法违规行为；

（三）全国范围内有重大影响的违法违规行为；

（四）中国人民银行认为应当由其直接实施行政处罚的其他违法违规行为。

第八条 中国人民银行分支机构负责对下列违法违规行为实施行政处罚：

（一）所监管的法人、非法人组织和自然人的违法违规行为；

（二）发生在辖区内的违法违规行为；

（三）以本单位名义开展执法检查发现的违法违规行为；

（四）中国人民银行授权其开展执法检查发现的违法违规行

为；

（五）中国人民银行指定其管辖的其他违法违规行为。

当事人的违法违规行为涉及信息网络等因素，无法确定发生地的，原则上由当事人所在地的中国人民银行分支机构管辖。

第九条 中国人民银行或其分支机构根据需要可以直接对下级行辖区内有重大影响、案情复杂的违法违规行为实施行政处罚。

中国人民银行分支机构认为应当由其实施行政处罚的违法违规行为情节严重、有重大影响的，可以请求上级行实施行政处罚。

第十条 中国人民银行根据实际情况，认为案件不适宜由相关中国人民银行分支机构负责实施行政处罚的，可以自行实施行政处罚，或者指定其上级行、其他同级中国人民银行分支机构负责实施行政处罚。

第十一条 中国人民银行根据履行法定职责的需要，可以决定由特定中国人民银行分支机构集中行使其他中国人民银行分支机构的部分或者全部管辖权，具体方式和集中管辖的案件范围由中国人民银行另行规定。

第十二条 除法律、行政法规另有规定外，《中华人民共和国行政处罚法》第九条第三项、第四项所规定的行政处罚，以及其他涉及许可证件、资质等级、生产经营等行政处罚，由颁发该许可证件、授予该资质等级、准许生产经营的中国人民银行或其分支机构实施。

第十三条 两个以上中国人民银行分支机构对同一违法违规行为均有管辖权的，由最先立案的中国人民银行分支机构管辖。

中国人民银行分支机构对管辖权发生争议的，应当协商解决，协商不成的，逐级报请共同的上级行指定管辖；也可以由共同的上级行直接指定管辖。

作出指定管辖决定的中国人民银行或其分支机构应当出具指定管辖通知书。

第三章　行政处罚委员会

第十四条　中国人民银行及其分支机构设立行政处罚委员会,负责案件审理和审议决定行政处罚、决定涉及行政处罚的其他重大事项。

行政处罚委员会集体行使行政处罚权,接受上级行行政处罚委员会的指导和监督,其他部门和个人不得干涉行政处罚委员会依法独立行使职权。

行政处罚委员会的组成人员、设立方式等事项由中国人民银行另行规定。

第十五条　行政处罚委员会的主任由中国人民银行或其分支机构的行长(主任),或者其授权的副行长(副主任)担任,实行主任负责制;主任因故不能履行职责时,可以委托副主任代行主任职责。

第十六条　行政处罚委员会履行下列职责:

(一)审议行政处罚案件,作出行政处罚决定;

(二)审议案件审理指导意见、本单位涉及行政处罚工作的重要管理制度等;

(三)对下级行行政处罚委员会进行指导和监督;

(四)审议本单位与行政处罚工作相关的其他重大事项。

第十七条　行政处罚委员会下设办公室,行政处罚委员会办公室设在中国人民银行及其分支机构的法律事务部门;暂未设立法律事务部门的中国人民银行分支机构,由具体承担法律事务工作的部门履行其职责。

行政处罚委员会办公室承担行政处罚委员会的日常工作,履行下列职责:

(一)立案审查;

(二)进行法制审核,提出案件处理意见;

（三）组织召开行政处罚委员会会议和组织书面审议；

（四）听取当事人陈述、申辩，组织听证；

（五）制作相关法律文书；

（六）督促行政处罚的执行或者申请人民法院强制执行；

（七）中国人民银行规定的其他职责。

第十八条 行政处罚委员会采取集体审议的方式作出行政处罚决定，可以根据案件具体情况采取会议审议和书面审议两种方式。具体审议程序由中国人民银行另行规定。

第四章 立案和调查

第十九条 除符合《中华人民共和国行政处罚法》第五十一条规定，依法适用简易程序作出行政处罚外，中国人民银行及其分支机构执法职能部门根据下列情形，认为符合立案标准的，依法向本单位行政处罚委员会办公室申请立案：

（一）在现场检查、非现场检查及日常监管中发现当事人存在违法违规行为，或者有违法违规行为确切线索的；

（二）对于公安机关、其他监管部门、行业自律组织等移送的违法违规线索，经初步核实认为当事人存在违法违规行为的；

（三）中国人民银行及其他分支机构发现违法违规行为，移送本单位管辖的；

（四）上级行指定本单位管辖的；

（五）本单位对相关违法违规行为有管辖权的其他情形。

第二十条 中国人民银行及其分支机构立案后，认为需要对违法违规行为进一步调查，了解相关情况、补充证据材料的，可以对当事人开展案件调查。

中国人民银行及其分支机构开展案件调查的，应当向当事人送达案件调查通知书，告知案件调查的依据、内容、调查期限范围、调查开展时间、要求、调查人员名单等事项。

第二十一条　案件调查程序参照《中国人民银行执法检查程序规定》简易现场检查程序进行；案件情况较为复杂、影响较大的，可以参照现场检查程序进行。

调查人员应当按照《中华人民共和国行政处罚法》《中国人民银行执法检查程序规定》等规定全面、客观、公正地调查，充分收集证据材料。

第二十二条　中国人民银行及其分支机构根据案件调查工作需要，可以聘请注册会计师、资产评估人员、律师等专业人员，以及数据分析、信息技术等领域技术人员作为辅助人员协助案件调查，或者邀请上述人员出具专业意见。

第二十三条　当事人应当配合中国人民银行及其分支机构的案件调查，履行下列义务：

（一）不得阻碍、拒绝案件调查，不得提出不合理的要求；

（二）如实回答调查人员的询问，及时就相关事项进行说明；

（三）按照要求及时提供案件调查所需的信息、电子数据、文件和资料等，并对所提供的信息、电子数据、文件和资料等的真实性、准确性、完整性负责。

第五章　案件审理

第二十四条　行政处罚委员会办公室根据相关证据材料，依法提出案件处理意见。

第二十五条　行政处罚委员会办公室提出案件处理意见后，经行政处罚委员会主任批准，组织召开行政处罚委员会会议或者组织书面审议。

行政处罚委员会审议下列事项：

（一）本单位是否具有管辖权，是否超越法定权限；

（二）违法违规事实是否清楚，证据是否合法、充分，定性是否准确；

（三）执法检查、案件调查程序是否合法；

（四）适用法律、行政法规、中国人民银行规章是否正确，裁量基准运用是否适当；

（五）拟作出行政处罚的种类、金额是否适当，拟不予行政处罚或者减轻处罚的理由和依据是否充分。

第二十六条 行政处罚委员会审议案件时，可以听取与案件不存在利害关系的法官、律师、学者等外部专家的意见。

听取意见可以采取当面听取的方式，也可以邀请外部专家提供书面意见。

第二十七条 行政处罚委员会审议通过，拟作出行政处罚决定的，行政处罚委员会办公室制作行政处罚意见告知书，经行政处罚委员会主任或者其授权的副主任批准后，送达当事人。

第二十八条 行政处罚意见告知书应当载明违法违规行为的事实和证据，拟作出行政处罚的种类、金额、理由和依据，以及当事人依法享有提出陈述和申辩的权利；拟作出的行政处罚决定符合《中华人民共和国行政处罚法》第六十三条规定的听证情形的，应当告知当事人依法享有提出听证的权利。其中，“较大数额罚款”“没收较大数额违法所得、没收较大价值非法财物”，是指：

（一）中国人民银行对法人、非法人组织拟作出罚款、没收违法所得、没收非法财物合计五百万元及以上的，对单一自然人合计二十万元以上的；

（二）中国人民银行副省级城市中心支行以上分支机构对法人、非法人组织拟作出罚款、没收违法所得、没收非法财物合计三百万元及以上的，对单一自然人合计十万元以上的；

（三）中国人民银行地市中心支行对法人、非法人组织拟作出罚款、没收违法所得、没收非法财物合计一百万元及以上的，对单一自然人合计五万元以上的。

第二十九条 案件调查人员、行政处罚委员会委员、行政处罚委员会办公室从事案件处理工作的人员与当事人存在利害关系，或者有其他可能影响案件公平审理的情形的，应当主动申请回避；应当回避而未主动申请回避，当事人申请回避且理由充分的，行政处罚委员会主任应当要求相关人员回避。

第三十条 当事人可以在中国人民银行及其分支机构立案后、送达行政处罚决定书前书面提出先行整改承诺申请，载明清晰、可查证的整改目标、整改措施和完成时间，或者消除损害、不良影响的措施等。中国人民银行认为当事人通过先行整改能够更好符合金融监管要求且不立即实施行政处罚不会损害社会公共利益、他人合法权益的，可以决定中止审理、暂缓作出行政处罚决定，督促当事人进行整改。当事人按承诺期限完成整改的，中国人民银行或其分支机构可以依法从轻、减轻处罚；到期未实质完成整改工作，或者没有合理理由拖延整改的，恢复审理，并依法从重处罚。

先行整改承诺主要适用于拟作出较大数额罚款、吊销相关许可证、责令停业整顿等重大行政处罚案件，且当事人不存在违法违规行为情节严重、社会影响恶劣等情形。

第三十一条 当事人在中国人民银行及其分支机构作出行政处罚决定前发生金融风险事件，金融管理部门或者存款保险机构依法完成处置的，对当事人在金融风险事件处置完成前实施的违法违规行为，可以按照经批准的金融风险处置方案处理。

第三十二条 中国人民银行及其分支机构对于不适用《中华人民共和国行政处罚法》第五章第二节规定的简易程序，但事实清楚，当事人书面申请、自愿认错认罚，且相关违法违规行为有证据佐证的案件，可以适当简化案件审理程序，及时作出行政处罚决定。

第六章 陈述、申辩和听证

第三十三条 当事人要求陈述和申辩的，应当自收到行政处罚意见告知书之日起五日内将陈述和申辩的书面材料提交至制作行政处罚意见告知书的中国人民银行或其分支机构。

当事人收到行政处罚意见告知书后，可以书面提出放弃陈述和申辩权利；当事人逾期未提交陈述和申辩的书面材料，且没有合理理由的，视为放弃陈述和申辩权利。

第三十四条 当事人根据《中华人民共和国行政处罚法》第六十三条规定要求听证的，应当自收到行政处罚意见告知书之日起五日内，向制作行政处罚意见告知书的中国人民银行或其分支机构提交听证申请书，说明听证的要求和理由；当事人对违法违规事实有异议，或者主张应当从轻、减轻、免除行政处罚的，应当同时提交相关证据材料。

当事人收到行政处罚意见告知书后，可以书面提出放弃听证权利；当事人逾期不提出听证申请，且没有合理理由的，视为放弃听证权利。

第三十五条 当事人申请听证的，中国人民银行或其分支机构应当自收到听证申请之日起三十日内组织听证，并在召开听证会七日前，通知当事人及有关人员举行听证的时间、地点。

除涉及国家秘密、商业秘密或者个人隐私等依法予以保密的情形外，听证应当公开进行。

第三十六条 听证由行政处罚委员会办公室未参与本案案件处理、案件调查的人员担任听证主持人，两名正式工作人员担任听证员，也可以由行政处罚委员会主任指定未参与本案案件处理、案件调查的正式工作人员担任听证主持人。

当事人认为听证主持人、听证员与本案有直接利害关系的，有权申请回避。听证主持人、听证员是否回避，由行政处罚委员会主任决定。

第三十七条 举行听证时，由负责执法检查或者案件调查的执法职能部门说明拟作出行政处罚的事实、证据和行政处罚建议；当事人及其代理人可以进行申辩和质证，并可以出示无违法违规事实、违法违规事实较轻或者应当从轻、减轻、免除行政处罚的证据材料。

听证应当由听证主持人指定专人记录并制作听证笔录，听证笔录的内容包括：举行听证的时间、地点、参加听证的人员、听证事项、听证参与人的意见。

听证笔录应当交当事人或其代理人确认并签字或者盖章。当事人或其代理人拒绝签字或者盖章的，由听证主持人在听证笔录中注明。

第三十八条 听证结束后，听证主持人和听证员应当制作听证报告，提出处理意见，并将听证报告、听证笔录及听证取得的证据，一并报行政处罚委员会办公室。

第三十九条 听证申请人提出延期申请且有合理理由，或者因不可抗力，导致听证无法如期举行的，中国人民银行或其分支机构行政处罚委员会办公室可以决定延期举行听证，并告知听证申请人。

第四十条 听证开始前或者在听证过程中，听证申请人有下列情形的，视为放弃听证权利，不得再次就同一行政处罚事项提出听证申请：

（一）撤回听证申请；

（二）无正当理由拒不参加听证；

（三）听证过程中严重扰乱听证秩序，或者未经听证主持人允许中途退场。

听证申请人可以在听证前书面提出撤回听证申请，也可以在听证过程中书面或者口头提出撤回听证申请。

第四十一条 中国人民银行及其分支机构应当充分听取当事人的意见，不得因当事人进行陈述、申辩或者提出听证而加重处罚。

第七章 处罚决定

第四十二条 行政处罚委员会办公室应当根据案件审议情

况,结合当事人的陈述和申辩意见、听证情况制作行政处罚决定书,经行政处罚委员会主任批准后,送达当事人。

第四十三条 行政处罚决定书应当载明下列事项:

(一)当事人的姓名或者名称、地址;

(二)违法违规事实和证据;

(三)行政处罚的种类和依据;

(四)行政处罚的履行方式和期限;

(五)不服行政处罚决定,申请行政复议或者提起行政诉讼的途径和期限;

(六)作出行政处罚决定的中国人民银行或其分支机构的名称、印章和作出决定的日期。

当事人提出陈述和申辩意见或者进行听证的,行政处罚决定书中还应当说明是否采纳当事人的意见及理由。

第四十四条 当事人的违法违规行为涉嫌犯罪,依法需要追究刑事责任的,中国人民银行及其分支机构应当按照《行政执法机关移送涉嫌犯罪案件的规定》,及时向公安机关移送。

中国人民银行及其分支机构在行政处罚过程中发现当事人或其工作人员存在被监察对象涉嫌违反党纪、职务违法或者职务犯罪等问题线索的,应当及时向纪检监察机关移送。

第四十五条 中国人民银行及其分支机构应当在行政处罚决定书制作完成后七日内送达当事人。

第四十六条 中国人民银行及其分支机构可以采取下列方式送达行政处罚意见告知书、行政处罚决定书等文书:

(一)在中国人民银行及其分支机构办公场所当面送达当事人;

(二)派两名以上正式工作人员赴当事人身份证件载明的住址,或者当事人确认的其他地址送达当事人;

(三)根据当事人确认的通讯地址、联系方式等信息邮寄送达,采取邮寄送达的,邮件签收视为送达,邮件因地址错误、拒收等原因被退回的，邮件退回之日视为送达；

（四）经当事人同意，使用电子邮件、信息化系统等电子送达方式送达当事人；

（五）采取前述方式向当事人委托的代收人送达；

（六）无法通过前述方式送达的，中国人民银行及其分支机构可以公告送达，公告期为三十日，公告期满，视为送达。

中国人民银行及其分支机构可以委托其他中国人民银行分支机构采取前款第一项、第二项、第五项规定的方式代为送达。

第四十七条　中国人民银行及其分支机构作出罚款、没收违法所得行政处罚决定的，当事人应当自收到行政处罚决定书之日起十五日内按照行政处罚决定书载明的方式缴纳罚款、违法所得。

当事人根据《中华人民共和国行政处罚法》第六十六条的规定，申请延期或者分期缴纳罚款的，应当自收到行政处罚决定书之日起十五日内向作出行政处罚决定的中国人民银行或其分支机构提出书面申请，并提交相关证明材料。

第四十八条　中国人民银行及其分支机构应当自行政处罚决定作出之日起七日内依据中国人民银行的相关规定公开行政处罚决定信息。

第四十九条　当事人逾期不履行行政处罚决定的，中国人民银行及其分支机构可以根据《中华人民共和国行政处罚法》第七十二条的规定，采取相关措施。

第五十条　当事人对行政处罚决定不服的，可以依法申请行政复议或者提起行政诉讼。

第五十一条　中国人民银行及其分支机构应当自行政处罚案件立案之日起九十日内作出行政处罚决定，下列程序所需必要时间不计入行政处罚办理期限：

（一）行政处罚立案后，根据本规定对当事人开展案件调查的；

（二）根据当事人申请组织听证，或者相关证据需要进行检验、鉴定的；

(三)通过公告方式送达行政处罚意见告知书的;

(四)中国人民银行及其分支机构决定中止审理的。

中国人民银行及其分支机构在九十日内确实无法作出行政处罚决定的,经行政处罚委员会主任或者其授权的副主任批准,可以延长九十日。

第五十二条 中国人民银行及其分支机构在作出行政处罚决定前,有下列情形之一的,经行政处罚委员会主任或者其授权的副主任批准,可以作出中止审理的决定:

(一)当事人因涉嫌违法违规被其他行政机关调查,或者被司法机关侦查,尚未结案,对该行政处罚案件影响重大的;

(二)当事人被依法接管或者采取其他金融风险处置措施,接管期限尚未届满或者金融风险处置尚未完成的;

(三)行政处罚决定必须以相关诉讼的审理结果为依据,而相关诉讼未审结的;

(四)对有关法律、行政法规、国务院决定、规章的规定,需要进一步明确具体含义,中国人民银行或其分支机构请求有关机关作出解释的;

(五)当事人按照本规定第三十条的规定,向中国人民银行或其分支机构提出先行整改承诺申请,中国人民银行经审核同意的。

相关情形消失后,中国人民银行及其分支机构应当及时恢复审理,作出行政处罚决定。

第八章　附　　则

第五十三条 当事人违反本规定,拒绝、阻碍中国人民银行或其分支机构的案件调查,拒绝提供信息、电子数据、文件和资料等或者提供虚假信息、电子数据、文件和资料等的,有关法律、行政法规和中国人民银行规章有处罚规定的,依照其规定给予处罚;有关法律、行政法规和中国人民银行规章未作处罚规定的,由中国人民银行或其分支机构给予警告，并处十万元以下罚款，视情况给予通报批评。

第五十四条 中国人民银行分支机构包括中国人民银行上海总部，各分行、营业管理部、中心支行和支行。

第五十五条 中国人民银行可以依法与其他监管部门建立执法合作机制，相关办法由中国人民银行会同相关监管部门另行制定。

第五十六条 国家外汇管理局及其分支机构实施行政处罚的程序规定，由国家外汇管理局另行制定。

国家外汇管理局可以参照实施本规定第五十一条、第五十二条的相关规定。

第五十七条 本规定中"五日""七日"均以工作日计算，不含法定节假日。

第五十八条 本规定由中国人民银行负责解释。

第五十九条 本规定自2022年6月1日起施行。《中国人民银行行政处罚程序规定》（中国人民银行令〔2001〕第3号发布）同时废止。

电力可靠性管理办法（暂行）

（2022年4月16日国家发展和改革委员会令第50号公布　自2022年6月1日起施行　国司备字〔2022006340〕）

第一章　总　　则

第一条 能源安全事关国家经济社会发展全局，电力供应保障是能源安全的重要组成部分。党中央、国务院高度重视电力供应保障工作，习近平总书记多次作出重要指示批示。为充分发挥电力可靠性管理在电力供应保障工作中的基础性作用，促进电力工业高质量发展,提升供电水平,满足人民日益增长的美好生活需要,依据《中华人民共和国电力法》《电力供应与使用条例》《电网调度管理条例》《电力设施保护条例》和《电力监管条例》等法律法规,制定本办法。

第二条 电力可靠性管理是指为提高电力可靠性水平而开展的管理活动,包括电力系统、发电、输变电、供电、用户可靠性管理等。

第三条 电力企业和电力用户依照本办法开展电力可靠性管理工作。国家能源局及其派出机构、地方政府能源管理部门和电力运行管理部门依据本办法对电力可靠性管理工作进行监督管理。

第四条 国家能源局负责全国电力可靠性的监督管理,国家能源局派出机构、地方政府能源管理部门和电力运行管理部门根据各自职责和国家有关规定负责辖区内的电力可靠性监督管理。

第五条 电力企业是电力可靠性管理的重要责任主体,其法定代表人是电力可靠性管理第一责任人。电力企业按照下列要求开展本企业电力可靠性管理工作:

(一)贯彻执行国家有关电力可靠性管理规定,制定本企业电力可靠性管理工作制度;

(二)建立电力可靠性管理工作体系,落实电力可靠性管理相关岗位及职责;

(三)采集分析电力可靠性信息,并按规定准确、及时、完整报送;

(四)开展电力可靠性管理创新、成果应用以及培训交流。

第六条 电力用户是其产权内配用电系统和设备可靠性管理的责任主体,做好配用电系统和设备的配置与运行维护。

第七条 鼓励电力设备制造企业充分应用电力可靠性管理的成果,加强产品可靠性设计、试验及生产过程质量控制,依靠技术进步、管理创新和标准完善,提升设备可靠性水平。

第八条 充分发挥行业协会等的作用，开展行业自律和服务，提供技术支持，推动可靠性信息应用，开展交流与合作。

第二章 电力系统可靠性管理

第九条 电力系统可靠性管理指为保障电力系统充裕性和安全性而开展的活动，包括电力系统风险的事前预测预警、事中过程管控、事后总结评估及采取的防范措施。

第十条 电网企业应当对电力供应及安全风险进行预测，对运行数据开展监测分析并评估电力系统满足电力电量需求的能力。在系统稳定破坏事件、影响系统安全的非计划停运事件和停电事件发生时，电网企业应当依据《电网调度管理条例》果断快速处置；开展事后评价，对发现的风险进行闭环管控。

第十一条 电网企业应当根据电力系统风险和自然灾害影响，制定风险管控措施，完善输电系统网络结构。对发现的风险和隐患按规定向政府有关部门和相关电力企业预警。

第十二条 发电企业和配置自备发电机组的其他企业要根据政府有关部门和电力调度机构的要求做好电力供应保障工作，提高设备运行可靠性，不得无故停运或隐瞒真实原因申请停运。

发电企业应当做好涉网安全管理，加强机组燃料、蓄水管控，制定重要时期的燃料计划与预案，制定水库调度运行计划，对发现的风险和隐患及时报电力调度机构。

新能源发电企业应当加强发电功率预测管理。

第十三条 积极稳妥推动发电侧、电网侧和用户侧储能建设，合理确定建设规模，加强安全管理，推进源网荷储一体化和多能互补。建立新型储能建设需求发布机制，充分考虑系统各类灵活性调节资源的性能，允许各类储能设施参与系统运行，增强电力系统的综合调节能力。

第十四条 各级能源管理部门应当科学制定并适时调整电力

规划,优化配置各种类型的电源规模和比例,统筹安排备用容量,合理划分黑启动区域。国家能源局派出机构应当对辖区省级电力规划的执行情况进行监管。

负荷备用容量为最大发电负荷的2–5%,事故备用容量为最大发电负荷的10%左右,区外来电、新能源发电、不可中断用户占比高的地区,应当适当提高负荷备用容量。每个黑启动区域须合理配置1–2台具备黑启动能力且具有足够容量的机组。

第十五条 经国务院批复的国家级城市群,应当适当提高电力可靠性标准,加强区域电力系统的统筹规划和项目建设衔接,优化资源配置,推进电网协调有序发展。

第十六条 国家能源局及其派出机构应当按照权限和程序,指导有关单位制订大面积停电应急预案,组织、协调、指导电力突发安全事件应急处置工作,对电力供应和运行的风险管控情况进行监管。地方政府电力运行管理部门应当会同有关部门开展电力需求侧管理,严格审核事故及超计划用电的限电序位表,严禁发生非不可抗力拉闸限电。

第三章　发电可靠性管理

第十七条 发电可靠性管理是指为实现发电机组及配套设备的可靠性目标而开展的活动,包括并网燃煤(燃气)、水力、核能、风力、太阳能等发电机组及配套设备的可靠性管理。

第十八条 燃煤(燃气)发电企业应当对参与深度调峰的发电机组开展可靠性评估,加强关键部件监测,确保调峰安全裕度。电力调度机构应当优化调峰控制策略,综合考虑发电机组的安全性和经济性。

第十九条 水电流域梯级电站和具备调节性能的水电站应当建立水情自动测报系统,做好电站水库优化调度,建立信息共享机制。

第二十条 核电企业应当对常规岛和配套设备(非核级设备)

开展设备分级、监测与诊断、健康管理、全寿命周期可靠性管理、动态风险评价等工作。

第二十一条 沙漠、戈壁、荒漠地区的大规模风力、太阳能等可再生能源发电企业要建立与之适应的电力可靠性管理体系，加强系统和设备的可靠性管理，防止大面积脱网，对电网稳定运行造成影响。

第二十二条 发电企业应当建立发电设备分级管理制度，完善事故预警机制，构建设备标准化管理流程。发电企业应当基于可靠性信息，建立动态优化的设备运行、检修和缺陷管理体系，定期评估影响机组可靠性的风险因素，掌握设备状态、特性和运行规律，发挥对机组运行维护的指导作用。

第二十三条 地方政府能源管理部门和电力运行管理部门应当对燃煤(燃气)发电企业的燃料库存、水电站入库水量情况进行监测分析、协调处理，保障能源供应。

第四章 输变电可靠性管理

第二十四条 输变电可靠性管理是指为实现输变电系统和设备的可靠性目标而开展的活动，包括交流和直流的输变电系统和设备的可靠性管理。

第二十五条 电力企业应当合理安排变电站站址和线路路径，科学选择主接线和站间联络方式，增加系统运行的安全裕度。

第二十六条 电力企业应当加强线路带电作业、无人机巡检、设备状态监测等先进技术应用，优化输变电设备运维检修模式。

第二十七条 鼓励电力企业基于可靠性数据开展电力设备选型和运行维护工作，建立核心组部件溯源管理机制，优先选用高可靠性的输变电设备，鼓励开展状态检修，提高设备运行可靠性。

第二十八条 地方政府能源管理部门和电力运行管理部门按职责组织指导开展电力设施保护工作。

第五章　供电可靠性管理

第二十九条　供电可靠性管理是指为实现向用户可靠供电的目标而开展的活动,包括配电系统和设备的可靠性管理。

第三十条　供电企业应当加强城乡配电网建设,合理设置变电站、配变布点,合理选择配电网接线方式,保障供电能力。

第三十一条　供电企业应当强化设备的监测和分析,加强巡视和维护,及时消除设备缺陷和隐患。

第三十二条　供电企业应当开展综合停电和配电网故障快速抢修复电管理,推广不停电作业和配电自动化等技术,减少停电时间、次数和影响范围。

第三十三条　地方政府能源管理部门应当将供电可靠性指标纳入电力系统规划,并与城乡建设总体规划衔接。

第三十四条　地方政府发展改革部门可依据本地区供电可靠性水平,按照合理成本和优质优价原则,完善可靠性电价机制。

第六章　用户可靠性管理

第三十五条　用户可靠性管理是指为保证用电的可靠性目标,减少对电网安全和其他用户造成影响,对其产权内的配用电系统和设备开展的活动。

第三十六条　电力用户应当根据国家有关规定和标准开展配用电工程建设与运行维护,消除设备隐患,预防电气设备事故,防止对公用电网造成影响。

第三十七条　电力用户配用电设备危及系统安全时,应当立即检修或者停用。因用户原因导致电力企业无法向其他用户正常供电或造成其他严重后果的,应当承担相应责任。

第三十八条　重要电力用户应当按规定配置自备应急电源,

加强运行维护，容量应当达到保安负荷的120%。地方政府电力运行管理部门应当确定重要电力用户名单，对重要电力用户自备应急电源配置和使用情况进行监督管理。国家能源局派出机构对重要电力用户供电电源配置情况进行监督管理。

第三十九条 供电企业应当按规定为重要电力用户提供相应的供电电源，指导和督促重要用户安全使用自备应急电源。对重要电力用户较为集中的区域，供电企业应当科学合理规划和建设供电设施，及时满足重要用户用电需要，确保供电能力和供电质量。

第七章 网络安全

第四十条 电力网络安全坚持积极防御、综合防范的方针，坚持安全分区、网络专用、横向隔离、纵向认证的原则，加强全业务、全生命周期网络安全管理，提高电力可靠性。

第四十一条 电力企业应当落实网络安全保护责任，健全网络安全组织体系，设立专门的网络安全管理及监督机构，加快各级网络安全专业人员配备；落实网络安全等级保护、关键信息基础设施安全保护和数据安全制度，加强网络安全审查、容灾备份、监测审计、态势感知、纵深防御、信任体系建设、供应链管理等工作；开展网络安全监测、风险评估和隐患排查治理，提高网络安全监测分析与应急处置能力。

第四十二条 电力企业应当强化电力监控系统安全防护，完善结构安全、本体安全和基础设施安全，逐步推广安全免疫。电力企业应当开展电力监控系统安全防护评估，并将其纳入电力系统安全评价体系。电力调度机构应当加强对直接调度范围内的发电厂涉网部分电力监控系统安全防护的技术监督。

第四十三条 电力用户是其产权内配用电系统和设备网络安全责任主体，应当根据国家有关规定和标准开展网络安全防护，预防网络安全事件，防止对公用电网造成影响。电力企业应当在并网协议中明确网络安全相关要求并监督落实。

第四十四条 国家能源局依法依规履行电力行业网络安全监督管理职责，地方各级人民政府有关部门按照法律、行政法规和国务院的规定，履行网络安全属地监督管理职责，国家能源局派出机构根据授权开展网络安全监督管理工作。

第八章 信息管理

第四十五条 电力可靠性信息实行统一管理、分级负责。国家能源局负责全国电力可靠性信息的统计、分析、发布和核查，国家能源局派出机构负责辖区内电力可靠性信息分析、发布和核查。

根据工作需要，国家能源局及其派出机构可以委托行业协会、科研单位及技术咨询机构等协助开展电力可靠性信息统计分析、预测、评估、评价等工作。

第四十六条 国家能源局应当建立电力可靠性监督管理信息系统，实施全国范围内电力可靠性信息注册、报送、分析、评价、应用、核查等监督管理工作，通过电力可靠性监督管理信息系统实时向国家能源局派出机构、省级政府能源管理部门和电力运行管理部门推送辖区内电力可靠性信息。

第四十七条 电力企业应当建立电力可靠性信息报送机制和校核制度，准确、及时、完整报送电力可靠性信息。

供电企业应当按国家有关规定定期公布供电可靠性指标。

第四十八条 电力企业应当通过电力可靠性监督管理信息系统向国家能源局报送以下电力可靠性信息：

（一）发电设备可靠性信息，包括 100 兆瓦及以上容量火力发电机组、300 兆瓦及以上容量核电机组常规岛、50 兆瓦及以上容量水力发电机组的可靠性信息，总装机 50 兆瓦及以上容量风力发电场、10 兆瓦及以上集中式太阳能发电站的可靠性信息；

（二）输变电设备可靠性信息，包括 110（66）千伏及以上电压等级输变电设备可靠性信息；

（三）直流输电系统可靠性信息，包括±120 千伏及以上电压等级直流输电系统可靠性信息；

（四）供电可靠性信息，包括 35 千伏及以下电压等级供电系统用户可靠性信息；

（五）其他电力可靠性信息。

第四十九条 电力可靠性信息报送应当符合下列期限要求：

（一）每月 8 日前报送上月火力发电机组主要设备、核电机组、水力发电机组、输变电设备、直流输电系统以及供电系统用户可靠性信息；

（二）每季度首月 12 日前报送上一季度发电机组辅助设备、风力发电场和太阳能发电站的可靠性信息。

第五十条 电力企业应当于每年 2 月 15 日前将上一年度电力可靠性管理和技术分析报告报送所在地国家能源局派出机构、省级政府能源管理部门和电力运行管理部门；中央电力企业总部于每年 3 月 1 日前报送国家能源局。

省级电网企业应当于每年 1 月份将上一年度电力系统可靠性的评估和本年度的预测情况，报国家能源局派出机构、省级政府能源管理部门和电力运行管理部门；中央电网企业总部于每年 2 月份报送国家能源局。

系统稳定破坏事件、非计划停运事件、停电事件的等级分类、信息报送内容和程序由国家能源局另行规定。

第五十一条 国家能源局应当定期发布电力可靠性指标。

第五十二条 电力可靠性监督管理信息系统中的原始信息、统计分析信息及年度电力可靠性评价、评估、预测结果等须按程序经国家能源局审核后对外发布或使用。

第九章 监督管理

第五十三条 国家能源局负责以下电力可靠性监督管理工作：

（一）研究起草电力可靠性监督管理规章、制定电力可靠性监督管理规范性文件和电力可靠性行业技术标准，并组织实施；

（二）建立健全电力可靠性监督管理工作体系；

（三）对国家能源局派出机构、地方政府能源管理部门和电力运行管理部门、电力企业、电力用户贯彻执行电力可靠性管理规章制度的情况进行监督管理；

（四）组织建立电力可靠性监督管理信息系统，统计分析电力可靠性信息，组织实施电力可靠性预测、评估和评价工作；

（五）组织开展电力可靠性管理工作检查、核查；

（六）发布电力可靠性指标和电力可靠性监管报告；

（七）对特别重大系统稳定破坏事件、特别重大非计划停运事件、特别重大停电事件进行分析、核查；

（八）推动电力可靠性理论研究和技术应用；

（九）组织电力可靠性技术和管理培训；

（十）开展电力可靠性国际交流与合作。

第五十四条 国家能源局派出机构负责辖区内以下电力可靠性监督管理工作：

（一）建立健全电力可靠性监督管理工作体系；

（二）对电力企业贯彻执行电力可靠性管理规章制度的情况进行监督管理；

（三）分析、发布可靠性信息，组织实施电力可靠性预测、评估和评价工作；

（四）开展电力可靠性管理工作检查、核查、处罚；

（五）对重大系统稳定破坏事件、重大非计划停运事件、重大停电事件进行分析、核查；

（六）监督指导电力企业排查治理电力可靠性管理中发现的风险和隐患；

（七）发布电力可靠性指标和电力可靠性监管报告。

第五十五条 地方政府能源管理部门和电力运行管理部门按

各自职责负责辖区内以下电力可靠性监督管理工作：

（一）建立健全地方政府电力可靠性监督管理工作体系；

（二）对电力系统的充裕性进行监测协调和监督管理，保障电力供应；

（三）对电力用户贯彻执行电力可靠性管理规章制度的情况进行监督管理；

（四）组织落实国家乡村振兴、优化营商环境、电网升级改造等工作中相关电力可靠性要求；

（五）监督指导重要电力用户排查治理电力可靠性管理中发现的风险和隐患；

（六）支持和配合国家能源局派出机构开展相关电力可靠性监督管理工作。

第五十六条 国家能源局派出机构应当会同地方政府能源管理部门和电力运行管理部门建立电力可靠性联席协调机制，定期分析、通报电力供需和电网运行情况，协调解决电力供应和电力系统稳定运行面临的问题。

第五十七条 国家能源局及其派出机构、地方政府能源管理部门和电力运行管理部门对电力可靠性管理规章制度落实情况进行监督检查，可以采取以下措施：

（一）进入电力企业进行检查并询问相关人员，要求其对检查事项作出说明；

（二）查阅、复制与检查事项有关的文件、资料和信息。

第五十八条 国家能源局及其派出机构、地方政府能源管理部门和电力运行管理部门对电力企业报送的信息和报告存在疑问的，应当要求作出说明，可以开展现场核查。

第五十九条 任何单位和个人发现电力可靠性管理不到位或存在弄虚作假情况的，有权向国家能源局及其派出机构、地方政府能源管理部门和电力运行管理部门举报，国家能源局及其派出机构、地方政府能源管理部门和电力运行管理部门应当及时处理。

第十章　奖惩措施

第六十条　鼓励电力企业、科研单位和电力用户等根据电力规划、建设、生产、供应、使用和设备制造等工作需要，研究、开发和采用先进的可靠性科学技术和管理方法，对取得显著成绩的单位和个人给予表彰奖励。

第六十一条　国家能源局及其派出机构、地方政府能源管理部门和电力运行管理部门未按照本办法实施电力可靠性监督管理有关工作并造成严重后果的，依法追究其责任。

第六十二条　电力企业有下列情形之一的，由国家能源局及其派出机构根据《电力监管条例》第三十四条的规定予以处罚：

（一）拒绝或者阻碍国家能源局及其派出机构从事电力可靠性监管工作的人员依法履行监管职责的；

（二）提供虚假或者隐瞒重要事实的电力可靠性信息的；

（三）供电企业未按照本办法规定定期披露其供电可靠性指标的。

第六十三条　国家能源局及其派出机构、地方政府能源管理部门和电力运行管理部门按照电力行业信用体系规定，对电力可靠性监督检查过程中产生的约谈、通报、奖励、处罚等记录依法依规进行归集、共享和公示，对相应的责任主体依法实施守信激励与失信惩戒。

第十一章　附　　则

第六十四条　本办法自2022年6月1日起施行，《电力可靠性监督管理办法》（国家电力监管委员会令第24号）同时废止。

司法解释

最高人民法院关于涉及发明专利等知识产权合同纠纷案件上诉管辖问题的通知

（2022 年 4 月 27 日　法〔2022〕127 号）

各省、自治区、直辖市高级人民法院，新疆维吾尔自治区高级人民法院生产建设兵团分院；各知识产权法院，具有技术类知识产权案件管辖权的中级人民法院：

《最高人民法院关于第一审知识产权民事、行政案件管辖的若干规定》（法释〔2022〕13 号）已于 2022 年 4 月 21 日公布，将自 2022 年 5 月 1 日起施行。根据该司法解释有关规定，现就涉及发明专利等知识产权合同纠纷案件上诉管辖事宜进一步明确如下：

地方各级人民法院（含各知识产权法院）自 2022 年 5 月 1 日起作出的涉及发明专利、实用新型专利、植物新品种、集成电路布图设计、技术秘密、计算机软件的知识产权合同纠纷第一审裁判，应当在裁判文书中告知当事人，如不服裁判，上诉于上一级人民法院。

特此通知。

最高人民法院、最高人民检察院关于办理海洋自然资源与生态环境公益诉讼案件若干问题的规定

（2021年12月27日最高人民法院审判委员会第1858次会议、2022年3月16日最高人民检察院第十三届检察委员会第九十三次会议通过　2022年5月10日最高人民法院、最高人民检察院公告公布　自2022年5月15日起施行　法释〔2022〕15号）

为依法办理海洋自然资源与生态环境公益诉讼案件，根据《中华人民共和国海洋环境保护法》《中华人民共和国民事诉讼法》《中华人民共和国刑事诉讼法》《中华人民共和国行政诉讼法》《中华人民共和国海事诉讼特别程序法》等法律规定，结合审判、检察工作实际，制定本规定。

第一条　本规定适用于损害行为发生地、损害结果地或者采取预防措施地在海洋环境保护法第二条第一款规定的海域内，因破坏海洋生态、海洋水产资源、海洋保护区而提起的民事公益诉讼、刑事附带民事公益诉讼和行政公益诉讼。

第二条　依据海洋环境保护法第八十九条第二款规定，对破坏海洋生态、海洋水产资源、海洋保护区，给国家造成重大损失的，应当由依照海洋环境保护法规定行使海洋环境监督管理权的部门，在有管辖权的海事法院对侵权人提起海洋自然资源与生态环境损害赔偿诉讼。

有关部门根据职能分工提起海洋自然资源与生态环境损害赔偿诉讼的，人民检察院可以支持起诉。

第三条　人民检察院在履行职责中发现破坏海洋生态、海洋

水产资源、海洋保护区的行为，可以告知行使海洋环境监督管理权的部门依据本规定第二条提起诉讼。在有关部门仍不提起诉讼的情况下，人民检察院就海洋自然资源与生态环境损害，向有管辖权的海事法院提起民事公益诉讼的，海事法院应予受理。

第四条 破坏海洋生态、海洋水产资源、海洋保护区，涉嫌犯罪的，在行使海洋环境监督管理权的部门没有另行提起海洋自然资源与生态环境损害赔偿诉讼的情况下，人民检察院可以在提起刑事公诉时一并提起附带民事公益诉讼，也可以单独提起民事公益诉讼。

第五条 人民检察院在履行职责中发现对破坏海洋生态、海洋水产资源、海洋保护区的行为负有监督管理职责的部门违法行使职权或者不作为，致使国家利益或者社会公共利益受到侵害的，应当向有关部门提出检察建议，督促其依法履行职责。

有关部门不依法履行职责的，人民检察院依法向被诉行政机关所在地的海事法院提起行政公益诉讼。

第六条 本规定自 2022 年 5 月 15 日起施行。

最高人民法院关于加强区块链司法应用的意见（中英文版）

（2022 年 5 月 23 日　法发〔2022〕16 号）

为深入贯彻落实习近平法治思想和习近平总书记关于积极推动区块链技术为人民群众提供更加智能、更加便捷、更加优质公共服务的重要指示精神，贯彻落实《中华人民共和国国民经济和社会发展第十四个五年规划和 2035 年远景目标纲要》和《“十四五”国家信息化规划》，充分发挥区块链在促进司法公信、服务社会治理、防范化解风险、推动高质量发展等方面的作用，全面深化智慧法院建设,推进审判体系和审判能力现代化,结合人民法院工作实际,制定本意见。

一、总体要求

(一)指导思想。以习近平新时代中国特色社会主义思想为指导,深入贯彻习近平法治思想和习近平总书记关于网络强国的重要思想,紧紧围绕“努力让人民群众在每一个司法案件中感受到公平正义”的目标,坚持服务大局、司法为民、公正司法,大力推动区块链技术与多元解纷、诉讼服务、审判执行和司法管理工作深度融合,积极应用区块链平台服务社会治理、优化营商环境、加强诚信体系建设、防范化解重大风险、支持构建新发展格局,努力创造更高水平的数字正义。

(二)总体目标。到2025年,建成人民法院与社会各行各业互通共享的区块链联盟,形成较为完备的区块链司法领域应用标准体系,数据核验、可信操作、智能合约、跨链协同等基础支持能力大幅提升;区块链在多元解纷、诉讼服务、审判执行和司法管理工作中得到全面应用,有效促进司法公信,提升司法效率,强化廉洁司法;司法区块链跨链联盟融入经济社会运行体系,实现与政法、工商、金融、环保、征信等多个领域跨链信息共享和协同,主动服务营商环境优化、经济社会治理、风险防范化解和产业创新发展,助力平安中国、法治中国、数字中国和诚信中国建设,形成中国特色、世界领先的区块链司法领域应用模式,为新时代我国经济社会数字化转型和高质量发展提供坚强有力的司法服务和保障。

(三)基本原则

坚持依法统筹、注重协同联动。依法依规加强区块链基础设施统筹规划,面向经济社会发展和审判执行工作需要,开展区块链司法领域应用顶层设计,加强与各行各业跨链协同应用模式研究,促进多方数据共享和协同应用。

坚持开放共享、注重标准先行。建设与社会各行各业互通共享的区块链联盟,形成共性基础技术支持能力,建立统一、开放的区块链司法领域应用技术标准体系，为跨部门节点接入、跨行业数据共同维护和利用提供规范化服务。

坚持应用牵引、注重创新发展。以司法为民、公正司法和服务社会治理为牵引，充分发挥区块链在优化业务流程、提升协同效率、建设可信体系等方面的作用，持续推进区块链在司法领域深度应用，不断提高跨领域自动执行能力。

坚持安全可靠、注重有序推进。以安全可信为前提，着力提升上链数据和智能合约的准确可控水平，确保数据安全，保护个人信息，推动形成区块链在司法领域稳中求进、有序发展、安全可靠的应用生态。

二、人民法院区块链平台建设要求

（四）加强区块链应用顶层设计。遵照法律规范要求，按照内外部高效协同的总体思想，针对法院业务应用和服务社会治理协同应用需求，系统开展区块链在司法领域应用的场景设计。针对内、外网协同应用需求，形成全国统一、支持跨网系、跨链协同司法应用的区块链总体建设方案。

（五）持续推进跨链协同应用能力建设。针对主动服务经济社会治理和司法业务应用场景，构建基于分布式标识、互联互通、跨链互信的区块链联盟基础设施，有效整合执行区块链已有建设成果，充分发挥联盟链技术特点，加强司法区块链平台与各行业区块链平台跨链联盟建设，持续提升协同能力。

（六）提升司法区块链技术能力。联合优势力量，开展关键技术攻关，打造开放共享的全国法院司法区块链平台，提高数据核验、可信操作、智能合约、跨链协同等基础技术能力，支持各级人民法院基于司法链平台开展业务创新应用。

（七）建设互联网司法区块链验证平台。基于全国司法区块链平台数据，在互联网端建设司法区块链验证平台，支持当事人等相关主体对调解数据、电子证据、诉讼文书等司法数据进行真伪核验。

（八）建立健全标准规范体系。建立健全区块链在司法领域应用的技术标准和管理规范，为与相关领域区块链平台和节点接入互通、共享协同提供技术指引和标准接口支持。

三、充分运用区块链数据防篡改技术，进一步提升司法公信力

（九）保障司法数据安全。推进人民法院电子卷宗、电子档案、司法统计报表、案件结案状态等司法数据上链存储，确保司法数据防篡改，提升数据安全水平。

（十）保障电子证据可信。健全完善区块链平台证据核验功能，支持当事人和法官在线核验通过区块链存储的电子证据，推动完善区块链存证的标准和规则，提升电子证据认定的效率和质量。

（十一）保障执行操作合规。推动执行案件信息、当事人信息、组织机构信息、执行通知、财产查控、财产处置、案款收发、信用惩戒、执法取证、执行互动、案件报结、卷宗归档等数据和操作上链存证，常态化开展执行全业务流程操作安全审计，进一步规范执行操作行为，探索开展执行查控等敏感操作在线闭环验证，确保可靠无误。

（十二）保障司法文书权威。推动人民法院送达的诉讼文书和送达回执在司法区块链平台统一存储，支持在互联网端查验送达文书，保证送达全流程安全可靠，维护司法权威。

四、充分发挥区块链优化业务流程的重要作用，不断提高司法效率

（十三）支持立案信息流转应用。建立立案登记材料分级分类自动流转业务规则，支持在材料提交限定期满后案件实现分级分类自动立案，巩固立案登记制改革成果，提高立案效率。

（十四）支持调解与审判流程衔接应用。建立调解协议不履行自动触发审判立案、执行立案等业务规则和智能合约程序，增强调解程序司法权威，支持多元纠纷化解。

（十五）支持审判与执行流程衔接联动。全面推进审判与执行办案系统信息互通和数据共享，探索建立裁判文书不履行自动触发执行立案等业务规则和联动机制，优化审执衔接，畅通信息流转，减少重复工作，支持切实破解执行难。

（十六）支持提升执行效率。探索建立符合条件的执行案件自动发起查询、冻结、扣划以及执行案款自动发放智能合约机制，在确保程序合规的前提下简化审批环节；建立对统查财产线索足额终本案件、对不履行义务的执行和解案件，无需单独提起立案流程即可自动立案恢复执行的智能合约机制。

（十七）支持执行干警便捷办案。运用区块链技术推动网络查控、评估拍卖、案款收发、失信限消、事项委托、电子卷宗随案生成等向移动端延伸，形成去中心化、去网系化、去系统化的数据串联，方便执行干警随时随地办理执行事务。

五、充分挖掘区块链互通联动的巨大潜力，增强司法协同能力

（十八）提高律师资质验证协同能力。针对律师资质验证需求，构建人民法院与司法行政部门跨链协同应用，支持实现参与诉讼活动的律师资质、信用报告在线查询及核验，提高核验实时性。

（十九）提高政法部门案件协同办理能力。针对减刑假释、刑事、民商事等案件跨部门协同办理和公民身份认证等需求，构建人民法院与检察、公安、司法行政等部门的跨链协同应用，提高案件在线流转效率和数据互信水平。

（二十）提高跨部门协同执行能力。针对被执行人财产查控、失信被执行人联合惩戒等需求，构建人民法院与行政执法、不动产登记、金融证券保险机构、联合信用惩戒等单位的跨链协同应用，建立自动化执行查控和信用惩戒模式，提高协同执行工作效率。

六、充分利用区块链联盟互认可信的价值属性，服务经济社会治理

（二十一）保护知识产权。构建与版权、商标、专利等知识产权区块链平台的跨链协同机制，支持对知识产权的权属、登记、转让等信息的查询核验，为知识产权案件的证据认定等提供便利，更好地服务国家创新驱动战略实施。

（二十二）支持营商环境优化。构建与市场监管、产权登记和交易平台等区块链平台的跨链协同应用机制，支持对企业基本信息、企业股权变动、企业间关联关系、不动产和动产权属状况、融资租赁、贵金属交易等权属登记和交易状况信息的查询核验，为权属认定和产权交易提供便利，促进基于数据与信用的分级分类监管体系建设，更好地服务国家营商环境建设。

（二十三）支持数据开发利用。构建与数据权属、数据交易等区块链平台的跨链协同应用机制，支持对数据确权、数据交易等过程信息的查询核验和智能合约处置，助力数据要素市场构建和数据价值释放，更好地服务国家大数据战略实施。

（二十四）支持金融信息流转应用。构建与金融机构区块链平台的跨链协同应用机制，支持对金融贷款合同、信用卡等审批、履行、违约过程信息的查询核验和智能合约处置，更好地服务金融风险防范化解。

（二十五）支持企业破产重组。构建与相关政府部门区块链平台的跨链协同应用机制，支持对债务人企业的经营信息和涉诉涉执行信息互通共享，支持债权申报信息在线验证质证，在保障全体债权人知情权和查阅权的同时，强化债权审核公开透明，并进一步确保网络债权人会议的表决效力，更好地服务市场主体救治和退出。

（二十六）支持征信体系建设。构建与全国信用信息共享平台、国家企业信用信息公示系统和失信惩戒部门的跨链协同应用机制，支持对失信被执行人、限制高消费信息的查询核验和智能合约处置，确保失信信息可信产生、安全传播和合规使用，更好地发挥联合失信惩戒作用，助力健全以信用为基础的新型监管机制，服务社会信用体系建设。

七、保障措施

（二十七）加强组织领导。各级人民法院要高度重视区块链在司法领域的建设和应用，加强统筹协调，明确任务牵头部门负责区块链应用整体推进和管理。

（二十八）建立协同机制。各级人民法院要统筹辖区区块链应用重点，联合其他政法单位、社会机构等力量强化协同工作机制，共同推进区块链在司法领域的应用。

（二十九）加大支持力度。各级人民法院要将区块链应用工作纳入智慧法院建设规划统筹组织实施，并与地方政府社会治理创新相结合，争取经费支持，加大推进力度。

（三十）注重应用示范。各级人民法院要面向服务经济社会发展和人民法院业务需求，选择较为成熟的应用场景开展典型应用示范，形成可复制、可推广的创新模式。

（三十一）确保安全可靠。各级人民法院要健全事前审核和测试评估机制，确保上链数据真实性、准确性、合规性以及链上链下数据一致性，确保智能合约的合法性、有效性、安全性和可靠性。

（三十二）积极宣传引导。各级人民法院要加强成功案例宣传推介，面向法院干警开展区块链技术应用培训，全面提升区块链在司法领域的应用成效。

Opinions of the Supreme People's Court on Strengthening Blockchain Application in the Judicial Field

The Opinions are herein made for further implementation of the Xi Jinping Thought on the Rule of Law and General Secretary Xi Jinping's instructions on actively promoting the application of blockchain technology to provide more intelligent, convenient and superior public services for the people, and for the earnest fulfillment of the Outline of the 14th Five-Year Plan (2021–2025) for National Economic and Social Development and the Long-Range Objectives through the Year 2035 of the

People's Republic of China and the 14th Five-Year Plan (2021–2025) for National Informatization. While taking the real work of the people's courts into consideration, the Opinions aim to leverage the role of blockchain in cementing judicial credibility, facilitating social governance, preventing and resolving risks, promoting high-quality development, etc., so as to reinforce the advance of smart courts on all fronts and the modernization of the judicial system and judicial capabilities.

I. Overall requirements

(1) Guiding philosophies. Concentrating on the goal of "working to ensure that the people feel fairness and justice prevails in every judicial case", the Opinions, under the guidance of Xi Jinping Thought on Socialism with Chinese Characteristics for a New Era, endeavor to thoroughly implement Xi Jinping Thought on the Rule of Law and on building China's strength in cyberspace, and are committed to serving the overall interests, administrating justice for the people and maintaining judicial fairness. The Opinions intend to vigorously promote in-depth integration between blockchain technology and diversified dispute resolution, litigation services, trial and enforcement and judicial administration. People's courts in China need to actively utilize the blockchain platform to facilitate social governance, optimize business environment, cement the development of the credit system, prevent and resolve major risks and underpin the establishment of a new development paradigm, sparing no efforts to elevate digital justice to a higher level.

(2) Overall objectives. By 2025, a blockchain alliance featuring interconnectivity and sharing between the people's courts and all social sectors will come into being and a relatively complete standard system for blockchain application in the judicial field will be in place with the capabilities for fundamental support for data verification, trusted operation, smart contract, interoperation collaboration, etc. to be dramatic-

ally improved. Moreover, diversified dispute resolution, litigation services, trial and enforcement, and judicial administration will witness the comprehensive application of blockchain technology which effectively enhances judicial credibility, efficiency and integrity. By then, the judicial blockchain interoperation alliance is to be integrated into the economic and social operation system, enabling interoperation information sharing and coordination with the political and legal, industrial and commercial, financial, environmental, social credit and other sectors, which will actively contribute to the improvement of business environment, economic and social governance, risk prevention and resolution, and industrial innovation and development, back China to become a peaceful, digital and credit-based country under the rule of law, foster a world-leading model of blockchain application in the judicial field with Chinese characteristics, providing superior judicial services and solid guarantee for China's economic and social digital transformation and high-quality development in the new era.

(3) Basic principles.

Pursuing law-based coordination and emphasizing collaboration and interconnectivity. It is necessary to strengthen overall planning of blockchain infrastructure in accordance with laws and regulations and carry out top-level design of blockchain application in the judicial field in view of the needs of economic and social development as well as that of trial and enforcement. Research on interoperation collaborative application models with all walks of life should be intensified to promote data sharing and collaborative application between different parties.

Upholding openness and sharing and prioritizing standards. It is necessary to build a blockchain alliance with interconnectivity and sharing among all social sectors, develop capabilities to support common fundamental technologies, establish a unified and open technical standard system for blockchain application in the judicial field, making standardized services available to cross-departmental node access and joint maintenance and utilization of data across different industries.

Underlining application and valuing innovation-based development. Guided by the principles of administrating justice for the people, maintaining judicial fairness and facilitating social governance, it is necessary to give full play to the function of the blockchain in business process optimization, operation cost reduction, collaborative efficiency improvement, trusted system establishment, and other fields. Consistent efforts are required to promote the in-depth application of blockchain in the judicial field and to improve the performance of blockchain in cross-domain automatic enforcement.

Ensuring security and reliability and highlighting orderly progress. On the premise of security and trustworthiness, it is necessary to work hard to improve the accuracy and controllability of stored data and smart contracts on the blockchain, ensure data security, and protect personal information, in a bid to foster an environment of blockchain application in the judicial field with steady progress, orderly development, security and reliability.

II. Requirements on building the blockchain platforms of the people's courts

(4) Strengthening top-level design of blockchain application. In accordance with laws and norms, and the overarching concept of internal and external efficient collaboration, it is required to systematically design the scenarios of blockchain application in the judicial field in response to the needs of coordinating the court work with the improvement of social governance. In view of the needs of collaboration between internal and external networks, an overall plan for building a blockchain that is unified nationwide, enables inter-network and interoperation ju-

dicial application should be developed.

(5) Constantly advancing capacity building for interoperation collaborative application. In order to actively serve the economic and social governance and application scenarios of judicial work, it is required to build the infrastructure of the blockchain alliance based on distributed identification, interconnectivity, and interoperation mutual trust, effectively integrate the enforcement blockchain construction achievements, give full play to the technical strengths of the alliance chain, and boost the development of the interoperation alliance of the judicial blockchain platform and that of all walks of life so as to constantly enhance synergy.

(6) Enhancing technical capabilities of the judicial blockchain. It is required to gather superior strengths to make a breakthrough in key technologies, create an open and shared judicial blockchain platform among people's courts nationwide, improve basic technical capabilities such as data verification, trusted operation, smart contract and interoperation collaboration, etc. , and support people's courts at all levels to engage in innovative application based on the judicial blockchain platform.

(7) Building an Internet-based judicial blockchain verification platform. Based on the data of the national judicial blockchain platform, it is required to build a judicial blockchain verification platform on the Internet, which enables parties and other relevant subjects to verify the authenticity of mediation data, electronic evidence, litigation documents and other judicial data.

(8) Establishing and optimizing a standard system. It is required to establish and optimize the technical standards and management specification for the application of blockchain in the judicial field, and provide technical guidance and standardized access support for the inter-

connectivity, sharing and collaboration with blockchain platforms and nodes in relevant fields.

III. Making the most of the data tamper-proof technology of blockchain to further enhance judicial credibility

(9) Ensuring the security of judicial data. Judicial data of the people's courts, including electronic case files, electronic archives, judicial statistical reports and the status of concluding cases, are expected to be stored on the blockchain, to make sure the judicial data are tamper-proof and enhance data security.

(10) Ensuring trustworthiness of electronic evidence. It is necessary to perfect the evidence verification function of the blockchain platform, which enables parties and judges to verify the electronic evidence stored on the blockchain online, so as to contribute to setting sound standards and rules for blockchain-based storage and improve the efficiency and quality of electronic evidence identification.

(11) Ensuring compliance of enforcement operations. It is necessary to store data and operations, such as information on enforcement cases, information of parties and organizations, notice of enforcement, investigation and control of property, disposal of property, collection and distribution of money related to the cases, credit-based punishment, evidence collection, interactions of enforcement, reporting and conclusion of cases, archiving of cases on the blockchain, regularly carry out a security audit on operation of the whole process to enhance the normativity of enforcement operations, and consider the method of online closed-loop examination of sensitive operations such as investigation and control in enforcement, so as to make sure reliability and accuracy.

(12) Ensuring the authority of judicial instruments. It is necessary to uniformly store litigation documents served by the people's courts

and receipts of service on the judicial blockchain platform, and allow online verification of served documents to make sure the security and reliability of the whole process of service, so as to eliminate concerns of the parties about the authenticity of served information and maintain the authority of judicial instruments being served.

IV. Giving full play of the essential role of blockchain in optimizing business processes to constantly improve judicial efficiency

(13) Enabling circulation and application of case-filing information. It is necessary to set operational rules on the classification and categorization and later automatic circulation of documents to be docketed so as to achieve the automatic docketing of cases after their classification and categorization upon the expiry of the prescribed period for submission of materials, consolidate the fruits of the reform on case-filing registration system and improve case-filing efficiency.

(14) Enabling connected application between mediation and trial procedures. It is necessary to set operational rules on automatically triggering the trial procedure or the enforcement procedure upon the failure to perform mediation agreements and launch the smart contract procedure, so as to cement judicial authority of the mediation procedure and support diversified dispute resolution.

(15) Enabling the connection between trial and enforcement procedures. It is necessary to comprehensively advance the interoperability and sharing of information and data between trial and enforcement case handling systems, and explore the possibility of making rules and linkage mechanisms on automatically triggering the enforcement procedure upon the failure to perform judicial decisions, so as to optimize the convergence from trial to enforcement, ensure the information is transformed smoothly, reduce duplicate work and solve the problems of enforcement difficulties.

(16) Enhancing the efficiency of enforcement. It is necessary to explore the possibility of establishing a smart contract mechanism to automatically investigate, freeze and seize property in eligible enforcement cases and distribute money related to the enforcement cases, so as to simplify the approval process under the premise of ensuring procedural compliance; establishing a smart contract mechanism to automatically file a case and resume enforcement without filing a separate case for cases where the enforcement procedure was suspended after the enforcement of the whole property discovered by unified investigation clues and settlement cases of enforcement for non-fulfillment of obligations.

(17) Enabling enforcement officers and police staff to handle cases more conveniently. It is necessary to utilize blockchain technology to promote the extension to mobile ends and formation of decentralized, de-networked, de-systematized data strings for online investigation and control, evaluation and auction, collection and distribution of money related to the cases, restriction of consumption for credit-related punished people, matters entrusted and electronic files generated with the case to enable enforcement officers and police staff to handle enforcement matters more conveniently at anytime and anywhere.

V. Fully taping the tremendous potential of blockchain connectivity to enhance judicial collaboration

(18) Improving collaboration in verifying lawyers' qualifications. In response to the needs of verifying lawyers' qualifications, it is necessary to realize interoperation collaborative application between the people's courts and administrative organs, to enable online inquiry and verification of qualifications and credit reports of lawyers in litigation activities, with higher time efficiency.

(19) Improving collaboration in case handling between political

and legal organs. To facilitate cross-departmental collaboration in operation involved in abatement from penalty, release on parole, criminal, civil and commercial cases and certification of citizenship, it is necessary to realize interoperation collaborative application between the people's courts and procuratorial, public security, judicial, administrative and other organs, so as to improve the efficiency of online case circulation and data mutual trust.

(20) Improving the capability of cross-departmental collaborative enforcement. To facilitate investigation and control of property subject to enforcement and cooperative punishment for judgment debtors subject to enforcement, it is necessary to realize interoperation collaborative application between the people's courts and organs involved in administrative law enforcement, immovable property registration, financial securities and insurance, or organs cooperatively imposing credit-based punishment, etc. and develop a model of automatically carrying out investigation and control in enforcement and imposing credit-based punishment, so as to improve the working efficiency of collaborative enforcement.

VI. Leveraging properties of the blockchain alliance of mutual recognition and trustworthiness to facilitate economic and social governance

(21) Protecting intellectual property. It is necessary to build an interoperation collaborative mechanism with blockchain platforms for intellectual property, such as copyrights, trademarks and patents, and enable inquiry about and verification of information related to intellectual property ownership, registration, transfer and others to facilitate the evidence identification of intellectual property cases, so as to further push forward the implementation of the national innovation-driven development strategy.

(22) Supporting the improvement of the business environment. It is necessary to build an interoperation collaborative mechanism with blockchain platforms for market regulation, property registration, transactions and others, and enable inquiry about and verification of information related to the ownership registration and status of transactions, such as basic business profile, variation of corporate equities, correlation between businesses, ownership of immovables and movables, financial leasing, precious metal trading, to facilitate the identification of ownership and transactions of property rights, so as to intensify the development of the classified and categorized supervision system based on data and credit, and to further improve the national business environment.

(23) Underpinning data development and utilization. It is necessary to build an interoperation collaborative mechanism with blockchain platforms, such as data ownership, online data trading, etc., and enable inquiry about and verification of information related to data ownership confirmation and data trading and other processes as well as handling of smart contracts, to propel the construction of data markets and the release of data value, so as to better facilitate the implementation of the national big data strategy.

(24) Supporting circulation and application of financial information. It is necessary to build an interoperation collaborative mechanism with blockchain platforms of financial institutions, and enable inquiry about and verification of information related to approval, performance and default of financial loan contracts and credit cards as well as handling of smart contracts, so as to better contribute to preventing and resolving financial risks.

(25) Supporting bankruptcy and restructuring of enterprises. It is necessary to build an interoperation collaborative mechanism with

blockchain platforms of relevant government departments, and enable interoperability and sharing of business information of debtor enterprises and information related to litigation and enforcement, and enable online verification and cross-examination of information of submission of creditor claims, strengthen open and transparent verification of creditor claims while safeguarding the right to information and access of all creditors, and further ensure the voting effectiveness of online creditors' meetings to better serve the rescue and exit of market entities.

(26) Facilitating the construction of the credit system. It is necessary to build an interoperation collaborative mechanism with the National Credit Information Sharing Platform, the National Enterprise Credit Information Publicity System, and credit-breaking punishment organs, and enable inquiry about and online verification of information of the blacklist of judgment debtors and people banned from high-spending as well as handling of smart contracts, to make sure the judgment debtors' information is generated reliably, transmitted securely and used compliantly, so as to further develop the function of cooperative punishment for credit-breaking individuals, contribute to improving the new credit-based supervision mechanism, and push forward the construction of the social credit system.

VII. Guarantee measures

(27) Cementing organizational leadership. People's courts at all levels shall attach great importance to the development and application of blockchain in the judicial field, strengthen coordination, and specify leading departments in charge of overall progress and management of blockchain application.

(28) Establishing a collaborative mechanism. People's courts at all levels shall coordinate priorities of blockchain application in their respective jurisdictions, unite political and legal departments, social

organs and other forces to strengthen the collaborative working mechanism, jointly promoting blockchain application in the judicial field.

(29) Strengthening support. People's courts at all levels shall incorporate blockchain application in to the development plan of smart courts for coordinated implementation, and combineit with innovation of social governance of local governments, to seek funding support and expedite the progress.

(30) Paying attention to demonstration projects. People's courts at all levels shall choose relatively mature application scenarios to launch demonstration projects, with focus on needs of the economic and social development and the business needs of the people's courts, to form innovative models that can be reproduced and popularized.

(31) Ensuring security and reliability. People's courts at all levels shall optimize the pre-review, testing and evaluating mechanism to make sure the authenticity, accuracy and compliance of the stored data on the blockchain as well as the consistency of data on and off the chain, and make sure the legality, effectiveness, security and reliability of smart contracts.

(32) Taking active steps towards publicity and guidance. People's courts at all levels shall intensify publicity and promotion of best practices, and provide training on blockchain application for court officers and police staff, to improve the effects of blockchain application in the judicial field on all fronts.

The Supreme People's Court

May 23, 2022

附：

2022年5月份报国务院备案并予以登记的地方性法规、自治条例、单行条例和地方政府规章目录

地方性法规

法规名称	公布日期	备案登记编号
长春市人民代表大会常务委员会关于修改《长春市城市房地产开发经营管理条例》的决定	2021年6月4日	国司备字［2022006362］
吉林市气象灾害防御条例	2021年6月4日	国司备字［2022006363］
四平市社会信用条例	2021年5月31日	国司备字［2022006364］
辽源市农村人居住环境治理条例	2021年5月28日	国司备字［2022006365］
通化市浑江流域水环境保护条例	2021年6月2日	国司备字［2022006366］
白山市浑江流域水环境保护条例	2021年5月31日	国司备字［2022006367］
西安市人民代表大会常务委员会关于修改《西安市保护消费者合法权益条例》等65部地方性法规的决定	2021年1月18日	国司备字［2022006355］

地方政府规章

规章名称	公布日期	备案登记编号
晋城市海绵城市建设管理暂行办法	2022 年 4 月 19 日	国司备字［2022006350］
芜湖市机动车和非道路移动机械排气污染防治管理办法	2022 年 3 月 30 日	国司备字［2022006351］
福建省标准化管理办法	2022 年 3 月 14 日	国司备字［2022006334］
山东省人民政府关于修改和废止部分省政府规章的决定	2022 年 4 月 25 日	国司备字［2022006343］
青岛市医疗卫生人员权益保障办法	2022 年 4 月 11 日	国司备字［2022006361］
大连市人民政府关于废止和修改部分政府规章的决定	2022 年 3 月 22 日	国司备字［2022006337］
开封市餐厨废弃物管理办法	2022 年 4 月 7 日	国司备字［2022006356］
湖北省人民政府关于修改和废止涉及行政处罚内容的省政府规章的决定	2022 年 3 月 23 日	国司备字［2022006349］
广东省人民政府关于废止和修改部分省政府规章的决定	2022 年 4 月 11 日	国司备字［2022006333］
广州市人民政府关于收回一批市级行政权力事项的决定	2022 年 3 月 29 日	国司备字［2022006346］
广州市公共法律服务促进办法	2022 年 3 月 29 日	国司备字［2022006347］
清远市户外广告设施和招牌设置管理办法	2022 年 3 月 28 日	国司备字［2022006342］
南宁市人民政府关于修改《南宁市人民政府关于委托广西南宁五象新区规划建设管理委员会行使有关行政管理权的决定》的决定	2022 年 4 月 7 日	国司备字［2022006357］

续表

规章名称	公布日期	备案登记编号
海南藏族自治州物业管理办法	2022年4月11日	国司备字［2022006348］
钦州市文明行为促进办法	2022年4月11日	国司备字［2022006352］
达州市城市停车场管理办法	2022年4月13日	国司备字［2022006344］
内江市生活垃圾分类管理办法	2022年4月8日	国司备字［2022006353］
贵阳市人民政府关于废止《贵阳市城市建设档案管理规定》等7件规章的决定	2022年4月26日	国司备字［2022006358］
丽江市人民政府关于修改《丽江市漾弓江流域水环境保护办法》部分条款的决定	2022年4月14日	国司备字［2022006354］
拉萨市人民政府关于废止和宣布失效部分政府规章和规范性文件的决定	2022年4月18日	国司备字［2022006345］
哈密市人民政府规章制定办法	2022年4月13日	国司备字［2022006359］
哈密市实施《优化营商环境条例》办法	2022年4月27日	国司备字［2022006360］

图书在版编目（CIP）数据

中华人民共和国新法规汇编. 2022年. 第6辑：总第304辑／司法部编. —北京：中国法制出版社，2022. 11

ISBN 978-7-5216-3096-1

Ⅰ. ①中… Ⅱ. ①司… Ⅲ. ①法规-汇编-中国-2022 Ⅳ. ①D920. 9

中国版本图书馆CIP数据核字（2022）第209776号

中华人民共和国新法规汇编

ZHONGHUA RENMIN GONGHEGUO XIN FAGUI HUIBIAN

（2022年第6辑）

编者/司法部

经销/新华书店

印刷/三河市紫恒印装有限公司

开本/850毫米×1168毫米 32开　　印张/6. 25 字数/144千

版次/2022年11月第1版　　2022年11月第1次印刷

中国法制出版社出版

书号 ISBN 978-7-5216-3096-1　　定价：18. 00元

北京市西城区西便门西里甲16号西便门办公区

邮政编码：100053　　传真：010-63141600

网址：http：//www. zgfzs. com　　编辑部电话：010-63141663

市场营销部电话：010-63141612　　印务部电话：010-63141606

（如有印装质量问题，请与本社印务部联系。）